COLEÇÃO
PROJETO DIAMANTE BRUTO
LIVROS CRISTÃOS

Agradeço a Deus, o Pai e meu Senhor e Salvador Jesus Cristo, por todo bem que Deus tem feito por mim. Agradeço ao Deus que me criou e que me salvou. Agradeço ao meu Deus que me remirá de todas as minhas maldades. Agradeço a Deus pelo sangue do Cordeiro que foi derramado na cruz do Calvário, e pelo Espírito Santo que foi enviado. Agradeço a Deus por sua maravilhosa graça e por sua misericórdia.

Agradeço a Deus por sua bondade e por sua fidelidade. Agradeço a Deus pelo seu amor e pela sua justiça. Agradeço a Deus por sua benignidade e por sua benevolência. Agradeço a Deus por sua paciência e por sua longanimidade. Graças a Deus, graças ao único Deus eterno, bendito e verdadeiro. Agradeço a Deus, a Deus somente.

A Deus seja o domínio, o louvor e a glória para sempre. Amém.

FRANCISCO EDSON DA ROCHA
COOPERADOR FRANCISCO
Nº Registro: 891.905 Livro: 1.739 Folha: 142
A ESTRADA PARA SIÃO

Um romance de
Cooperador Francisco

Cooperador Francisco

(Trabalhador da última hora)

"Grande é o SENHOR, e ele merece ser louvado na cidade do nosso Deus, no seu santo monte. Belo e imponente é o monte Sião, a alegria de toda a terra, para os lados do norte, a cidade do grande Rei. Em suas fortalezas, Deus se mostrou um alto refúgio. Pois os reis se aliaram e juntos se aproximaram. Viram-na e se maravilharam; ficaram assombrados e fugiram às pressas. Ali mesmo foram tomados de pavor, sentiram dores como uma mulher em trabalho de parto. Com um vento oriental destroçaste os navios de Társis. Assim como temos ouvido, também temos visto na cidade do Senhor dos Exércitos, na cidade do nosso Deus; ele a estabelece para sempre. Ó Deus, dentro do teu templo temos meditado no teu amor. Ó Deus, teu louvor é como o teu nome, até os confins da terra; tua mão direita está repleta de justiça. Alegre-se o monte Sião, regozijem-se as filhas de Judá, por causa dos teus juízos. Caminhai por Sião, rodeai-a; contai suas torres. Notai bem suas muralhas, percorrei suas fortalezas, para contardes à geração seguinte. Porque este Deus é o nosso Deus para todo o sempre; ele será nosso guia até a morte." (Sl 48:1-14)

Sumário.

Introdução.

Louvado seja o Deus eterno e bendito, que, por seu grande amor, nos ofereceu o Cordeiro para nossa redenção e salvação. Louvado seja o Cordeiro de Deus, que foi morto pelos nossos pecados e ressuscitou ao terceiro dia para a nossa justificação.

Louvado seja o Espírito Santo do Senhor Jesus Cristo, que foi enviado à Terra para ser a nossa garantia. Graças a Deus. O meu primeiro testemunho foi através do meu primeiro livro: "Para não falarem que é heresia, vou dizer que é apenas uma teoria."

O meu segundo testemunho foi através do meu segundo livro: "Não é de praxe."

E o meu terceiro testemunho foi através do meu terceiro livro: "Consequências."

Todos os livros transmitem o mesmo espírito e, além disso, contêm o mesmo estilo textual amador — um pouco fora da tal norma culta — e também apresentam a mesma sintaxe tosca, além de muitas palavras redundantes. Isso acontece porque, na verdade, eu fugi da escola e não sou um escritor profissional. Mas, pela graça e pela liberdade que Jesus me deu, eu escrevi o que escrevi, porque Deus quis que assim fosse. Fiz o que tinha de fazer e escrevi o que tinha que escrever, segundo a boa mão de Deus sobre mim. E ainda tenho um pouco mais a escrever, porque assim o Senhor ordenou. Se Deus me aprovou, quem é o homem para me reprovar?

Agora vou começar um novo projeto, diferente de todos os meus trabalhos anteriores. Pois o livro "A estrada para Sião" é uma estória de ficção, ou seja, um romance cristão; no entanto, não deixará de transmitir a verdade e a luz do evangelho.

Como mais uma estratégia para ganhar almas para o Reino de Deus, este livro é como uma rede que eu estarei lançando ao mar, na esperança de conseguir uma pesca milagrosa. O Senhor está neste barco comigo, e é Ele quem me manda lançar a rede.

Sob a sua ordem eu lançarei, e que a vontade de Deus seja feita mais uma vez, como tem sido desde o princípio e será eternamente. Não zombem da minha pouca estrutura, porque Deus me acolheu e, mais uma vez, está me movendo a escrever.

Por que eu e não outro? Só Deus sabe.

Mas, com certeza, é pela sua graça, e não porque eu sou especial; pois sei que nada sou. Porém, a boa mão de Deus está comigo. Todavia, nem por isso eu me atrevo a me vangloriar e pensar que sou alguma coisa, pois sei que nada sou. Deus é maravilhoso; não é a primeira vez que digo isso e, de fato, não será a última. Eu anseio por mais de Deus em minha vida. Porém, sou um homenzinho fraco e falho. Isto é: eu quero alcançar a glória de Deus, mas, como sou um pecador, vejo que isso é um desafio.

Entretanto, sonhar não custa nada, e também não é pecado. Pois estou sonhando em alcançar a glória de Deus, e não a glória do mundo, e isso não é mau aos olhos do Todo-Poderoso. Por isso, eu fico imaginando a glória de Deus que envolvia os quatro seres viventes, que são mencionados no livro do Apocalipse, segundo a visão que o meu irmão João teve pela maravilhosa graça de Deus, quando estava exilado na ilha de Patmos: *"Cada um dos seres viventes tinha seis asas que estavam cheias de olhos em volta e por baixo. De dia e de noite eles diziam sem cessar: Santo, Santo, Santo é o Senhor Deus, o Todo-Poderoso, aquele que era, que é e que há de vir."* (Ap 4:8)

Eu fico imaginando os quatro seres viventes sentindo a grandiosa e maravilhosa glória de Deus. Tamanho deve ser o poder da presença de Deus que eles sentem, a tal ponto de ficarem dizendo sem descanso, de dia e de noite, sem cessar: *"Santo, Santo, Santo é o Senhor Deus, o Todo-Poderoso, aquele que era, que é e que há de vir."* (Ap 4:8)

Certamente, a glória de Deus é indescritível, indubitavelmente.

Por isso, eu sonho em alcançá-la. Com que mais eu sonharia?

Mas, se eu perseverar em seguir ao Senhor, e negar a glória que vem do mundo, e renegar a cobiça que está na minha carne; se eu andar pela fé, mantiver a esperança e praticar o amor, de fato, certamente, um dia eu verei a glória de Deus. Eu sonho com esse dia e continuarei sonhando enquanto houver fôlego de vida em mim.

Sim, continuarei caminhando na estrada que me levará a Sião, pois esta é a minha missão na terra dos viventes. Amém. Glória, louvor, honra e domínio sejam ao Deus bendito e eterno. Aleluia. Por Cooperador Francisco: "A estrada para Sião."

Capítulo 01

O galo cantou, o sol acabou de nascer. É inverno na cidade grande. Mais uma vez, Deus pegou o seu pincel e desenhou um novo dia. Mas a sociedade, em sua maioria, amanheceu com o pé esquerdo e está de mau humor. E por que estão de mau humor?

Por nada. Só por mais um dia de vida na terra dos ingratos.

O ano era 1987. Fazia frio naquele dia. A multidão andava agasalhada, com toucas na cabeça, luvas e casacos. Alguns usavam moletom, outros lã, outros cashmere, outros jaqueta jeans, outros jaqueta de couro — enfim, uma multidão que subia e descia. Eram carros virando à direita e motos virando à esquerda; vendedores ambulantes se esforçando para vender seu peixe. Também havia muitos pedintes se humilhando por um pedaço de pão ou por um pingo de atenção; outros já caídos na calçada, bêbados de tanta desilusão e solidão na grande metrópole. Logo, a multidão chegará a suas casas e estará bem abrigada do sereno e do frio da noite.

Uma sopa de legumes ou uma canja de galinha bem quentinha para forrar o estômago, com um bom pedaço de pão caseiro e um frasco de pimenta-malagueta — sem dúvida nenhuma, há pessoas que sabem desfrutar das coisas boas e simples da vida. A vida é boa para quem sabe vivê-la, mas à mesa do rico é difícil ouvir um "graças a Deus". No entanto, o pior são aqueles que estão sofrendo devido a uma paixão — isto é, que se apaixonaram por quem não deveriam se apaixonar. Um amor não correspondido realmente parte o coração de qualquer um e faz as lágrimas molharem o rosto. E mesmo que o dia esteja ensolarado, ele parece nublado e chuvoso. Tudo ao redor os faz pensar na pessoa amada, que não sai de suas cabeças — principalmente quando, de repente, toca no rádio uma bela canção.

E seus pobres corações não conseguem ter descanso.

Mas o menino que estava saindo com sua mãe da loja de brinquedos, naquele momento, não sabia o que era dor — só alegria.

Pois acabara de ganhar seu presente de aniversário, e por isso estava feliz da vida. Ele não via a hora de chegar em casa para brincar com seu novo brinquedo, que viu no comercial da televisão enquanto comia cereal pela manhã. Como é bom ser criança!

O homem frustrado, de cabeça baixa, sentado no banco da praça, parecia não ver o tempo passar; seus pensamentos estavam distantes.

Ao contrário do outro, que ia andando com pressa e não parava de olhar para o relógio, ele parecia estar bem focado e concentrado em algo muito importante para si. Mas o motorista de ônibus parecia bem irritado no trânsito; no entanto, o garçom estava contente com a gorjeta que havia recebido. Logo o sol iria se pôr, e a lua, mais uma vez, se revelaria. A rotina do dia estava quase chegando ao fim.

Mas os boêmios se aprontavam para mais uma noite.

Foi um dia difícil para muitos, um dia feliz para outros; tristeza para ela, alegria para ele; lucros para alguns, prejuízo para outros.

Houve quem tirou a própria vida, houve quem tirou a vida alheia; mas também houve quem matou a fome do faminto e lhe deu esperança para continuar respirando e acreditando na terra da desigualdade social. A vida seguia o seu curso, os homens seguiam seus sonhos; mas os animais irracionais buscavam socorro e sustento no seu Criador. Pois até o pardal, um pequeno pássaro, não é esquecido pelo Autor da vida — por isso, o alimento nunca lhe falta.

Mas aquele homem bruto e robusto se esqueceu de amar a sua esposa, pois deu tantas pancadas nela que ela acabou sendo hospitalizada. Agora, estava se recuperando num leito de hospital.

Ele não conseguiu matar o seu corpo, mas há muito tempo já havia matado a sua alma. Rostos cansados, semblantes abatidos — na madrugada fria, eles caminhavam com uma tristeza escondida no coração, procurando fugir de si mesmos. Estavam tão angustiados que não suportavam mais viver dentro de suas próprias peles.

Por isso, refugiavam-se no álcool e nas drogas, em busca de alento e de alívio. Mas os anjos da noite não tiveram piedade de seus corpos açoitados. Eles acompanhavam seus passos e fizeram de tudo para prejudicar ainda mais suas vidas tristes e vazias — como se já não bastassem suas muitas dores e seus muitos sofrimentos neste mundo.

Há tempos que eles vêm apanhando neste mundo tenebroso, cruel e traiçoeiro. *"O ladrão vem somente para roubar, matar e destruir; eu vim para que tenham vida, e a tenham com plenitude."* (Jo 10:10)

Em outro lugar, ela também estava sorrindo e se embriagando, fingindo estar feliz, manchando o copo de batom; mas, por dentro, chorava como uma criança querendo o colo da mãe. As almas amarguradas e solitárias que buscavam companhia não deram sorte outra vez — quem sabe amanhã. Mas, por hoje, elas apenas sonharão. Enquanto muitos cospem no prato em que comem, não dando valor ao que têm, para outras pessoas que estavam famintas e sedentas, qualquer amargo era doce. Muitos estavam se banhando em mel; outros, se afogando no fel. Mas a pele sedosa da amante do marido infiel era como espinhos que feriam a mulher traída. E o marido traído também nem desconfiava que o anjo da sua vida — tão meiga e tão doce, em quem ele confiava e que tanto amava — andava oferecendo a outro o que deveria ser somente dele.

Tic-tac, o ponteiro do relógio não parava, nem a humanidade se cansava de esperar a felicidade. Dia após dia, muitas coisas estavam acontecendo: uns recebiam o infortúnio, outros continuavam correndo atrás da fortuna; e ainda outros estavam com o sorriso até as orelhas, por causa de sua grande fortuna, que não parava de crescer. Mas também havia muitos que não tinham motivos para sorrir, mas viviam sorrindo. Por outro lado, havia outros que tinham muitos motivos para sorrir, no entanto, viviam reclamando da vida.

A vida é assim, o homem é assim, o dia inteiro é assim.

De manhã, de tarde e de noite, todos os dias, as más notícias do jornal impressionavam seus ouvintes. Por isso, muitos estavam doentes com a síndrome do pânico e viviam com medo da própria sombra. Parecia que havia uma doença pairando no ar; o mundo estava enfermo. Por isso, muitas pessoas também estavam ficando mentalmente doentes: loucos, depressivos, bipolares, desanimados, ansiosos, esquizofrênicos e psicopatas — eram os efeitos colaterais de um mundo doente. E foi o próprio homem quem fez o mundo adoecer. É claro que os anjos da noite ajudaram a espalhar a doença.

Na fila do orelhão, a inquietação tomava conta do sujeito que estava com muita pressa para falar com sua família, que morava em outro estado. Mas o que estava no telefone jogava conversa fora e parecia não se preocupar com as pessoas que esperavam ansiosamente para telefonar. De repente, uma mulher gritou pedindo socorro, pois um marginal pegou sua bolsa e saiu correndo. Em sua bolsa havia um batom e outras maquiagens, um pente, um frasco de perfume, seus documentos e uma mixaria em dinheiro — que mal dava para pagar a conta de luz. Porém, o sujeito foi pego por outros homens, que não tiveram misericórdia: lincharam o ladrão que furtou a bolsa da mulher, e só não o mataram de pancadas porque a polícia chegou a tempo de socorrê-lo. O marginal nunca havia ficado tão feliz em ver um policial — que grande ironia! Mas será que ele aprendeu a lição? Ou voltará a roubar depois que sair da prisão?

Há pessoas que nunca aprendem. Como a mulher que se prostituía: ela já havia sido roubada e agredida muitas vezes, mas mesmo assim não abandonava sua profissão — que dizem ser a mais antiga do mundo. Ela era uma máquina de adultério, que produzia muitos homens adúlteros; mas também era o alívio de muitos homens solitários, que não tinham tido sorte na vida nem no amor.

Um homem com um defeito na coluna estava saindo de seus braços calorosos, depois de gastar um bom dinheiro numa noite de prazer — com a dama da noite, ele foi embora mancando e meio encurvado por causa do seu problema físico; mas ela certamente continuaria com seu trabalho diário, mesmo estando exausta.

Mesmo estando cansada daquela vida de prostituição.

Mas havia outras mulheres que estavam naquela vida porque gostavam, pois, para elas, sua profissão não era nenhum sacrifício.

Eram mulheres gananciosas, que só pensavam em tirar vantagem dos homens fracos — e tiravam vantagem, pois a fraqueza do homem é a mulher. Saindo do trabalho, com a carteira recheada de dinheiro por ter recebido seu salário mensal, ele — que era casado e tinha compromisso com sua família — acabou caindo nos encantos de uma meretriz. — *Psiu... Oi, gato. Está a fim de fazer amor?*

Ele a atendeu, e ela viu que ele tinha muita grana no bolso. Com perspicácia, ela o seduziu com muita lisonja e roubou seu coração, lançando seu feitiço — com a intenção, é claro, de também roubar todo o seu dinheiro. Embriagou-o de vinho e de amor, fez propostas indecentes falando bem baixinho em seu ouvido, e ele acabou caindo no canto da sereia — esquecendo que tinha uma mulher. E começou a lhe dar todo o seu dinheiro, a pagar bebidas caras para as colegas do bordel — enfim, ela não largou do seu pescoço enquanto não lhe tirou o último centavo. Quando o dinheiro acabou, ela começou a se afastar dele, tornou-se indiferente e o mandou voltar para sua família — sem direito a um beijo de despedida. Porém, ele implorou por esse beijo, mas ela virou o rosto com raiva e disse: — *Não!*

Então ele foi embora, desnorteado e preocupado, pois o dinheiro que seria para pagar as contas do mês e fazer as despesas necessárias para alimentar sua família ficou todo nas mãos da meretriz que o seduziu com muito amor e carinho. Será que ele aprendeu a lição?

Será que agora dará valor à sua esposa fiel e dedicada, sua companheira, seu verdadeiro amor e sua verdadeira amiga?

Encontrar um amor sincero e verdadeiro é um dom de Deus. É algo muito raro de se encontrar neste mundo de almas dissimuladas.

Como a gatinha linda e manhosa que facilmente conseguiu roubar o coração do jovem matuto, recém-chegado à cidade grande.

Ele estava caidinho por ela, mas ela estava apenas brincando com seu coração — só estava com ele porque ainda não havia encontrado coisa melhor. Já estava quase metendo o pé na sua bunda murcha.

Era só uma questão de tempo até ela deixar seu pobre coração em pedaços, tornando o doce em amargo. Mas, por enquanto, ele nem desconfiava e continuava nutrindo sua grande paixão por ela.

Ele não conseguia enxergar o que ela escondia dentro do coração, pois agia como se o amasse, mas, na verdade, não o amava — na verdade, nunca o amou. Era inverno, o clima estava bom para viver um romance; é uma pena que, antes do verão, o romance chegue ao fim. Ele gostou da vida na cidade grande, mas logo será nocauteado.

O ano era 1987. Mais um dia de oportunidades para os homens.

O sol nasceu para todos, mas nem todos tiveram a mesma sorte naquele dia. Para Cauê, foi um dia normal, como os anteriores.

Tomou o café da manhã — pão com margarina e café com leite — e saiu apressado para mais um dia de trabalho no hospital central da cidade. Era um jovem enfermeiro, um rapaz educado e simpático, que não fazia mal a ninguém. Todavia, também não se preocupava em fazer o bem — senão a si mesmo. Era morno: não era frio nem quente. Não era um homem mau, mas também não era um homem bom; era como a maioria da sociedade hipócrita — um típico ser humano normal e comum. Mas o jornalista Tadeu era bem mais altruísta e se preocupava em fazer o bem, pois assim aprendeu em sua religião espírita. No entanto, Mirela, supervaidosa, só pensava em si mesma. Já a pacata Vânia era uma simpatizante da causa feminista, embora fosse uma mulher pacata e tímida. Porém, deixou-se levar pelos conselhos de sua amiga Rita, que era feminista — e também um pouco narcisista. O astuto Mato Grosso era um jovem malandro, que recebeu esse apelido por ter vindo do estado do Mato Grosso, de uma cidade pequena, para viver na grande metrópole.

Era um homem que vivia sozinho, pois não tinha nenhum parente na cidade grande — embora estivesse sempre cercado por amigos que fizera na cidade das oportunidades e da hipocrisia. Havia também um casal de crentes fiéis à sua instituição. Porém, diante de Deus, eram pessoas mornas, pois eram apenas religiosos. Tinham dois filhos: a mais velha se chamava Patrícia, e o mais novo, Roberto.

Patrícia cantava na igreja, pois tinha uma bela voz, mas já começava a se ensoberbecer, pensando em buscar o sucesso fora da igreja. O jovem Roberto também era um crente inclinado para o mundo. Na igreja, era um anjo bem dissimulado; fora dela, um jovem faminto, levado por suas paixões. Mas o pregador continuava anunciando a palavra de Deus, e outros homens de Deus também continuavam sendo instrumentos em Suas mãos. Pregavam a fé em Jesus Cristo, proclamavam o evangelho e anunciavam a verdade.

Mas, para uma sociedade que amava mais as trevas do que a luz, suas palavras entravam por um ouvido e saíam pelo outro.

No entanto, havia uma minoria de humildes que aceitava a salvação de Jesus. E, com o passar do tempo, esses humildes se tornavam sábios — porque buscavam o Deus Sábio, e Deus lhes ensinava a verdadeira sabedoria, para que continuassem firmes na estrada que conduz à Sião. Sabedoria esta que o mundo desconhece.

E assim, mais um dia se passou na terra dos viventes.

Capítulo 02
A segurança do Cauê.

Cauê era um jovem tranquilo e seguro, que não fazia muitas dívidas porque se contentava com o básico; por isso, todo mês fazia um depósito no banco. Cauê também era um jovem responsável.

Ele morava com sua família: seu pai, sua mãe e mais dois irmãos — um rapaz mais velho e uma irmã mais nova. Ele era o filho do meio e vivia em paz e em plena segurança. Seus pais eram católicos, mas não muito praticantes: iam à missa no domingo, mas só por tradição e religiosidade, pois não levavam muito a sério a palavra de Deus — um pouco, talvez, mas não ao ponto de estudá-la e praticá-la. Quando era criança, Cauê acompanhava os pais no dia da missa, isso porque sua mãe o obrigava. Mas, quando foi ficando mais velho, abandonou esse hábito de ir à igreja no domingo — como a maioria faz. Se ele sabia quem era Jesus? Sim, ele sabia quem era Jesus.

Mas Jesus estava longe dos seus interesses, pois ele via Deus apenas como um mito. Porém, quando alguém lhe perguntava se acreditava em Deus, ele dizia que sim, dizia que acreditava muito em Deus. O jovem enfermeiro tinha uma paixonite por outra funcionária do hospital onde trabalhava, que também era enfermeira — mais experiente e um pouco mais velha do que ele, uns três ou quatro anos. Ela era uma mulher formosa, que se casou muito cedo. Porém, o casamento não deu certo e chegou ao fim depois de cinco anos, e ela acabou voltando para a casa dos pais, com uma criança na bagagem. Certo dia, conversando com Cauê, ela disse que se divorciou do ex por causa de uma traição da parte dele. Mas o que ela não revelou, no entanto, foi o fato de que era uma mulher fria e não estava cumprindo o seu papel de esposa como deveria. Foi por isso que ele perdeu a paciência e procurou outra mulher. Conversa vai, conversa vem, ele a convidou para sair, mas ela fingiu não ouvir.

A partir de então, ele passou a insistir em suas cantadas, mas ela não cedia ao seu charme e sempre mudava de assunto a cada tentativa do rapaz. Mas, com o passar do tempo, de tanta insistência, ela acabou cedendo e aceitou o convite para sair, pois não aguentava mais o jovem metido a Don Juan. E ele, então, se achou o tal — isto é, o maioral —, pensando que ela já estava no papo.

Muito seguro e confiante, ele disse a ela:

— *Para onde nós iremos, baby? Você decide, gatona.*

Então ela lhe disse: — *Não sei. Para onde você acha que devemos ir? Que tal irmos a um barzinho ouvir música ao vivo e beber cerveja?*

E, mais uma vez, muito seguro e confiante, ele disse:

— *Ok, então está combinado. Não vai pisar na bola! Na nossa próxima folga, nós sairemos. Se prepara, vai ser uma noite e tanto.*

Ele estava tão confiante que começou a pesquisar os preços dos motéis, pois planejava terminar a noite como numa lua de mel.

E andava contando vantagem entre os seus colegas de trabalho, exibindo-lhes a marca da camisinha que iria usar, entre outras coisas — como, por exemplo, já deixar reservada uma suíte em um bom motel. Enfim, ele estava realmente seguro, pensando que iria conquistar o coração da moça — que já não era mais nenhuma moça, mas uma mulher bem experiente e madura, que já havia passado por um casamento frustrado. No dia do encontro, ele chegou de táxi, a apanhou na porta de sua casa e foram ao barzinho ouvir música, conversar e tomar cerveja — ambos curtiam o local.

Depois de um tempo, já meio embriagado e sentindo a vibe do ambiente, ele pegou na mão dela e disse que estava apaixonado, que não conseguia tirá-la da cabeça. Ela ficou constrangida com aquilo — com sua declaração de amor — e disse que não estava preparada para assumir um novo romance. Mas ele insistiu; ela, porém, resistiu.

Ele sentiu um baque no coração, porém soube disfarçar muito bem os seus sentimentos. O tempo passou, o clima esfriou e eles vieram embora, cada um para sua casa. E o Cauê, que estava tão seguro e confiante, pensando que iria conquistar a moça, acabou ficando frustrado. No outro dia, eles se viram, se cumprimentaram e agiram normalmente, como dois amigos. Mas os seus colegas de trabalho não deixaram de tirar uma onda com a cara dele:

— *E aí, garanhão, fala pra nós, como foi o encontro? Conseguiu levar a mulher para o motel ou ficaram só no bate-papo?*

Ele ficou envergonhado e disse: — *Fazer o quê? Paciência.*

E os seus colegas davam risadas, e isso o deixou constrangido.

Aquele dia foi difícil para ele — isso sem falar da ressaca que estava sentindo. Mas ele não podia fazer nada, senão se calar.

Pois, quem mandou se gabar antes do tempo? Agora aguenta.

Mas o que ele não sabia — e o que ela também não revelou — foi que ela não sentia atração por homens, e sim por mulheres.

Ela tinha vergonha de assumir, e por isso seu casamento também não havia dado certo. Mas isso era algo que ninguém no hospital poderia imaginar; só ela conhecia seus próprios segredos obscuros — e ninguém mais. Efeitos colaterais de um mundo desequilibrado e totalmente doente. Coisas abomináveis. Mas não era ela que era abominável, e sim o sentimento que ela nutria por outras mulheres.

E, porque o mundo estava doente, as pessoas também estavam adoecendo. Cauê se precipitou ao abrir o coração para aquela mulher e criou esperanças que, no final, não chegaram nem perto de suas expectativas. Agora ele estava mal: sofrendo sozinho e calado, magoado, frustrado, inseguro e com o coração machucado. Assim, aprendeu a não ser mais tão atirado para cima das mulheres.

Depois disso, nunca mais foi tão precipitado ao se vangloriar.

Capítulo 03

Trancada em seu quarto, ao som das músicas românticas dos anos 80, ela se arrumava para sair com suas amigas. Usava e abusava de suas roupas sensuais, bem ajustadas em seu belo corpo escultural. Linda de doer, tão linda que já partiu muitos corações.

Ela era o tipo de garota que não saía com qualquer um, só com os que tinham algo a mais para lhe oferecer, algo que lhe impressionasse; porque sabia que era bela e atraente. Sim, ela sabia que mexia com a testosterona masculina, por isso lançava o seu feitiço com prazer. Ela saiu de sua casa para ir ao encontro de suas amigas, andando pela rua movimentada como se estivesse numa passarela de desfile de moda em Amsterdam. Sem exceção, todos os homens que a viam logo pensavam: — *O que é isso, Mirela!*

Suas amigas, ao vê-la, também se impressionaram e exclamaram: — *O que é isso, Mirela!*

Ela era uma garota vaidosa e egoísta, que gostava de chamar a atenção de todos para si. Primeiro ela flertava e depois se fazia de difícil. Ela dava risadas, ela dançava, ela encantava; mas não ficava com ninguém. Isso porque não dava chance pra ninguém — ou melhor, ninguém que não estivesse à sua altura. Quem quisesse ficar com ela tinha que entrar na fila; quem quisesse chamar sua atenção tinha que ser muito bom no que fazia. Pois ainda não havia surgido nenhum cleptomaníaco que fosse capaz de lhe roubar o coração.

Isso é que é ser uma garota de coração de pedra: difícil e exigente, que se superestimava demais — demais mesmo. Seu antigo namorado comeu o pão que o diabo amassou em sua mão, pois, sabendo que ele estava de quatro por ela, ela abusava do bom rapaz de família rica, fazendo com que ele a presenteasse sempre. Ela o fazia levá-la aos melhores lugares, às melhores boates, aos melhores restaurantes, aos mais luxuosos hotéis, em cruzeiros pelo mar, em viagens de avião, em turismo na Europa. Ela aproveitava ao máximo e fazia dele gato e sapato. E mais: deixava o rapaz morrendo de fome, desejando o fruto proibido. Porque o que ela tinha de beleza, também tinha de difícil — assim, dificilmente ele podia desfrutar do fruto proibido, a não ser em ocasiões especiais, que custavam caro.

Como presentes caros, viagens caras, diversões caras, enfim.

Pois, para ter aquilo que ele tanto queria, ele tinha que fazer por merecer — e muito; caso contrário, sem chance de ter sobremesa.

Mas, como tudo que é bom dura pouco tempo, o rapaz despertou e percebeu que ela estava apenas tirando vantagem da situação, se aproveitando do fato de ele ter muito dinheiro, e deu um fim no namoro — e, com isso, também conseguiu poupar muito dinheiro.

Mas ela não se deixou abater com o fim do namoro; pelo contrário, disse consigo mesma: — *O que não me mata, me fortalece.*

E continuou seguindo a vida de cabeça erguida, se achando a tal — contudo, não com o coração partido, só um pouco machucado.

Mas seu orgulho era grande demais para admitir que estava sofrendo por alguém que havia lhe dado um pé na bunda. Tão linda e tão prepotente, tão confiante e tão cheia de si mesma — acho que ela não esperava ser rejeitada e descartada. O que é isso, Mirela?!

Será que ninguém lhe dirá que o mundo não gira em torno dela?

Ou vão deixar que ela descubra isso por conta própria?

Capítulo 04

Tadeu gente fina.

Alguém bateu em sua porta: um casal de andarilhos, pedindo um prato de comida; e o Tadeu se comoveu com a situação daquelas pessoas e lhes serviu um almoço. Depois, despediu-os, dando-lhes uma graninha para ajudá-los na viagem, como o bom samaritano.

O Tadeu era assim: não sabia dizer não. Ele trabalhava num jornal local, ganhava um bom salário, tinha uma esposa que também ajudava nas despesas da casa, pois era dona de um comércio bem lucrativo. Os dois eram da religião espírita, por isso acreditavam muito nas obras de caridade e nos ensinos de Allan Kardec. E essa sua crença vinha de uma longa linhagem de espíritas: seus pais eram espíritas, seus avós também foram espíritas, enfim.

Ele aprendeu desde a infância a doutrina espírita, por isso não se interessava em conhecer outras religiões, pois criou raízes no espiritismo. Ele era um bom homem, mas estava enganado e totalmente preso à sua religião. Todos os dias, depois do trabalho, ele costumava ir ao mesmo boteco para tomar uma cervejinha, umas doses de destilado e bater papo com seus amigos de boteco.

Havia um cachaceiro que costumava comprar cachaça fiado naquele bar, mas, naquele dia, o dono do boteco não quis vender fiado, a não ser se ele pagasse o que já estava devendo. Mas ele não tinha dinheiro para saciar sua sede de cachaça, por isso continuava tentando persuadir o dono do bar. Vendo o Tadeu que o homem estava babando de vontade de tomar uma cana, ficou com pena do cachaceiro, levantou-se da mesa onde estava e exclamou ao dono do bar: — _Dá logo a pinga pra ele, Habibi, e põe na minha conta!_

O sujeito aproveitou a oportunidade, tomou tudo que achava que tinha direito e matou sua sede, até cair de bêbado na calçada do bar.

E ficou ali, sentado no chão, com outro copo de pinga na mão.

Então o dono do boteco disse ao Tadeu, num tom de deboche:

— _Tá vendo, Tadeu? Isso é culpa tua! Quem mandou pagar tanta pinga a esse cachaceiro? Agora, leva ele pra tomar um banho gelado._

Então o Tadeu deu uma risada sarcástica e disse:

— _Deixa o homem beber. Se é isso que ele quer, pinga nele._

E todos que estavam presentes no bar zombavam do sujeito.

Então, Tadeu pediu a última dose de conhaque, virou o copo como se fosse um copo d'água, pagou a conta, despediu-se de todos e foi embora. Chegando em sua casa, tomou um banho, abraçou a esposa, jantou, assistiu um pouco de TV e depois sentou-se na varanda para fumar um cigarro, enquanto sua mulher ficou na cozinha lavando a louça. Então ele se levantou e chamou a esposa para ir pra cama, mas ela disse que iria depois, porque queria assistir a um programa na televisão. No outro dia, ele acordou com o despertador tocando, mas a esposa não estava na cama como de costume. Achou aquilo estranho, porém, depois imaginou que ela havia se levantado mais cedo naquele dia. Então se levantou e foi ao banheiro, tomou uma ducha, escovou os dentes, arrumou-se para ir trabalhar, abriu a porta do quarto e saiu. Percebeu que a televisão estava ligada e que sua esposa estava sentada na poltrona. Ele a chamou pelo nome, mas ela não respondeu — então ficou grilado.

Chegando mais perto dela, notou que algo estava errado.

Começou a chorar ao perceber que ela estava morta. Ficou em estado de choque e não sabia o que fazer; não sabia se chorava ou se ligava para chamar a ambulância. Saiu, chamou um dos vizinhos que estava ali por perto, e este o ajudou a se controlar. Então chamaram a ambulância, que veio buscar o corpo. O médico disse que foi um ataque cardíaco fulminante — e, de fato, o avô da esposa de Tadeu havia morrido do mesmo modo. E não apenas o avô, mas também a tia dela, que morreu da mesma forma, com a mesma idade. Era algo do tipo hereditário, que vinha de uma longa geração.

Aquele foi um dia muito triste para Tadeu. De repente, e de forma inesperada, ele perdeu sua esposa querida, que partiu naquela noite sem sequer dizer adeus. Não, não havia como reverter aquilo.

Sua primeira noite sozinho, de fato, foi a mais difícil.

A cama vazia do lado em que sua esposa dormia, o coração em pedaços e as lágrimas inundando o travesseiro — não há nada mais triste do que a morte. Pela manhã, ele não conseguiu se levantar cedo da cama. Quando se levantou, já era mais de meio-dia.

Comeu um pouco e voltou a se deitar.

Mais tarde, saiu e foi ao boteco beber — e bebeu mais do que nunca. Bebeu tanto que dormiu sentado na cadeira. Foi preciso dois de seus amigos para colocá-lo no carro e trazê-lo de volta para casa, porque ele estava muito mal mesmo. O dia amanheceu, mas ele não foi trabalhar, pois estava desanimado demais. Telefonou para sua empresa para se justificar, e eles compreenderam sua situação.

Depois de um tempo, seus pais o chamaram para participar de uma sessão espírita, e ele foi na esperança de ser confortado.

Na reunião, todos estavam à mesa, concentrados em prece, quando, de repente, o médium recebeu um espírito que dizia ser a esposa de Tadeu, pedindo a ele para não ficar mais triste com sua partida, porque ela estava em paz na luz, feliz em um bom lugar.

E isso deixou todos ali presentes contentes.

(Loucuras de um mundo insano, doenças de um mundo doente, mentiras de um mundo que jaz no pai das mentiras.)

Aquilo era o bem estampado sobre a face do mal. Mas aquilo, por mais louco que fosse, conseguiu animar o Tadeu, que ficou feliz ao ouvir a esposa (pelo menos ele acreditou que era a sua esposa).

Pois ele foi criado vendo essas coisas, e era um homem ingênuo.

Mas eu sei que só o tempo curará sua dor e cicatrizará suas feridas. Pois há dores que só são curadas com o passar do tempo.

Capítulo 05

A palavra "machista" não saía da boca de Rita, que era uma feminista chata. Ela tentava ensinar a cartilha do feminismo para Vânia, uma mulher bem condescendente, ou melhor dizendo, uma Maria-vai-com-as-outras. Elas moravam juntas em um pequeno apartamento, rachavam o aluguel e dividiam as despesas meio a meio. Conheceram-se e tornaram-se amigas em um curso profissionalizante que fizeram juntas e, desde então, eram carne e unha. Mas Rita era uma mulher autoritária e mandona, totalmente o oposto de Vânia, que não ousava discutir com ninguém, mesmo estando certa. Rita, porém, não dava o braço a torcer, mesmo estando errada — não admitia estar. Pra mim, isso é arrogância.

Se ela falasse que pau era pedra, então pau tinha que ser pedra.

Mas de pedra mesmo era o seu coração, ao contrário de Vânia, que era uma manteiga derretida. Dá até para imaginar tal convivência: uma falando e mandando, e a outra se calando e obedecendo. Acho que foi por isso que Rita gostou tanto de Vânia e a chamou para morar juntas; porque era uma mulher que gostava de dominar, e a pacata Vânia era uma presa fácil de ser dominada.

Por isso Rita pegou Vânia para ser seu bichinho de estimação, para apoiá-la e concordar com todos os seus caprichos e ideologias.

Ora, não tenho certeza... mas isso não é ser narcisista? (Pobre Vânia, ela precisa aprender a se defender, ou então sair fora dessa amizade; caso contrário, será capacho de Rita para o resto da vida.)

Pois Vânia tinha que comer a comida que Rita comia, tinha que assistir ao mesmo filme que Rita queria assistir, tinha que gostar de tudo que Rita gostava. E olha que elas nem eram casadas, mas parecia que Rita queria ser dona de Vânia. Mas quem sabe, um dia, talvez Vânia encontre um príncipe encantado para salvá-la do castelo guardado pelo dragão possessivo. No entanto, na mente de Rita, ela era uma boa amiga; e, na mente de Vânia, Rita também era uma boa amiga. Mas quem assistia à vida das duas amigas do lado de fora, na plateia, percebia que elas não tinham uma amizade muito saudável — pelo modo como Rita tratava Vânia. As pessoas ao redor notavam isso, e até havia quem se intrometia na amizade.

Por isso, Rita já havia discutido com muitas pessoas que tentavam se intrometer em sua amizade com Vânia. Pois muitos diziam a Vânia que Rita não a tratava com respeito. Mas Vânia dizia sempre a mesma coisa: — *Que nada, é o jeito dela mesmo.*

Certa vez, as duas foram a uma festa de uma colega de trabalho de Vânia, mas Rita só sabia criticar o ambiente: a música, os petiscos, as bebidas, as pessoas, enfim. Ela não estava se divertindo nem um pouco. Parecia que estava com ciúmes da colega de trabalho de Vânia. Então pegou o braço de Vânia com força e disse:

— *Não aguento mais, vamos embora daqui agora!*

Mas Vânia não queria ir embora e disse: — *Não, Rita, ainda tá muito cedo, espera um pouco mais. Mal acabamos de chegar.*

E todos na festa concordaram com Vânia, e isso deixou a mala sem alça Rita muito irritada; por isso ela foi embora sozinha da festa, sem se despedir de ninguém. Mas a colega de Vânia ficou muito confusa com a atitude de Rita e disse a Vânia sobre ela:

— *O que será que houve com ela? Por que será que foi embora daquele jeito, tão irritada? O que nós fizemos de errado?*

Mas Vânia ficou preocupada com Rita e disse à sua colega:

— *Não foi nada, ela está passando por alguns problemas, por isso agiu daquela forma; acho que eu também vou embora, pois está ficando tarde e amanhã tenho muitos afazeres. Obrigada por tudo.*

Despediu-se de todos e foi embora desanimada e frustrada, pois Rita havia estragado a sua diversão. Chegando à sua casa, ela encontrou a estraga-prazer Rita irritadíssima: — *Que grande amiga você é, não é, Vânia, me trocando por aquela sua colega estúpida que não parava de beber e de se exibir para todos! Volta pra festa, vai ficar com ela, não é isso que você queria; tá fazendo o que aqui?*

Mas, pela primeira vez, Vânia ficou irritada e disse: — *Rita, por favor, me poupe! Não foi o bastante ter estragado a minha noite?*

Tomou uma ducha gelada e foi dormir, sem falar mais nada com Rita. E Rita acabou ficando com medo de perder sua melhor amiga.

Parecia que o jogo estava começando a virar.

Capítulo 06
E agora Mato Grosso?

A ressaca da noite passada não deixou o Mato Grosso trabalhar naquele dia; ele tinha contas a pagar, por isso não podia perder o emprego na firma onde trabalhava como servente de pedreiro.

Então, mais uma vez, ele foi ao pronto-socorro inventar uma doença para enganar o médico, para que este lhe desse um atestado, confirmando que ele não foi trabalhar porque havia ido ao pronto-socorro. Mas aquele dia foi longo e cansativo, porque o pronto-socorro estava lotado. Ele chegou ao hospital às onze horas da manhã e só saiu às seis e meia da noite. Seria melhor se tivesse ido trabalhar. Por experiência própria, já deveria saber que seria assim, pois não foi a primeira vez que havia feito aquilo. De volta para casa, encontrou um amigo chegado; seu amigo enrolou um baseado, e ele deu um tapinha para aliviar a tensão do dia. Seu amigo o convidou para dar um rolê, ir à casa da Jessica, amiga íntima de quase todos os seus amigos. Mas o Mato Grosso disse que precisava ir embora para preparar a janta e a marmita do dia seguinte; mas o amigo, querendo sua companhia, disse: — *Besteira, janta na casa da Jessica, e amanhã, no seu trabalho, você pede um marmitex; vamos lá, cara, vai ser rapidinho, antes das dez você já estará em sua casa.*

Então o Mato Grosso foi, montou na moto do amigo e saíram no rasante até a casa da excêntrica Jessica, uma mulher independente formada em administração de empresas, que gostava de tomar um drink e cheirar cocaína — levava uma vida bem diferente das outras pessoas de sua classe social. E, depois de muito louca, gostava de transar com seus amigos íntimos; mas, naquele dia, ela estava sossegada e não estava a fim de diversão. O Mato Grosso jantou na casa dela, aproveitou a caridade da amiga para também preparar a marmita do trabalho, e os três ficaram conversando na sala de estar.

A Jessica lhes apresentou sua nova vizinha, uma moça de família, que encantou o coração do Mato Grosso; seu nome era Ana, e ela também gostou dele. Por isso, naquela mesma noite, lhe deu o número do telefone, e é claro que, no outro dia, ele foi ao orelhão e ligou para ela no horário de almoço. Eles conversaram bastante sobre o que sentiam e marcaram um encontro para aquele dia.

Mais tarde, ela visitou a humilde casa do Mato Grosso.

Tomaram uma gelada e se soltaram. A química rolou entre os dois, e ela acabou engravidando. Sim, naquele dia ficou grávida do Mato Grosso, mas só depois de um tempo lhe deu a grande notícia.

Quando contou a novidade numa noite de domingo, depois de um passeio romântico que haviam feito juntos, o Mato Grosso ficou desnorteado, e as pernas dele tremeram ao saber que seria papai; ficou sem palavras e também sem saber o que dizer ou fazer.

No primeiro encontro, Ana engravidou; depois, eles começaram a namorar. Posteriormente, ele ficou sabendo que ela estava grávida; isso o impactou, foi difícil assimilar aquilo, pois não esperava receber aquela notícia — não era o plano que ele tinha em mente.

A grande questão era: — *E agora, Mato Grosso, o que você irá fazer? Assumir um compromisso com a moça e apoiá-la, casando-se com ela, ou deixá-la sozinha no mundo, como mais uma mãe solteira?*

Depois da notícia, ele a beijou e se despediu, dizendo: — *Tenho que levantar cedo amanhã; mas fica tranquila, depois conversaremos melhor sobre este assunto. Com calma nós iremos resolver.*

No outro dia, no trabalho, ele não parava de pensar na ideia de ser pai. Mas a parte boa é que amava Ana e estava apaixonado por ela. Por isso, resolveu que juntos cuidariam da criança e decidiu pedir a mão da moça em casamento, pois os pais dela aguardavam uma satisfação. Então, ele acabou percebendo que sua vida nunca mais seria a mesma. E, de fato, nunca mais foi a mesma.

Capítulo 07

Havia um ar de mudança, havia vidas crescendo e aparecendo.

Havia vidas regredindo, havia vidas desistindo da vida. Também havia mortos ressuscitando e vivos se perdendo e morrendo.

Havia tantos pensamentos embaralhados, tanta confusão, tantas vozes, tantas ideias, tantos planos, tantos sonhos, tantos objetivos, tanto ódio, tanto amor, tanta tristeza, tanta alegria, tanta esperança, tanta ilusão, tanta desilusão, tanta diversidade, tanto bem, tanto mal, tanto egoísmo, tanta cobiça, tanta ganância, tantos interesses, tantas vontades, tanto apego, tanta vaidade, tanta caridade, tanta maldade, tanta paixão, tantos sentimentos, tantas emoções, tanta dor, tanta paz, tanto luto, tanto prazer, tanto desprazer; havia tantas almas. Havia uma enxurrada de vidas e de histórias nunca contadas. Cada vida era uma história, e cada história estava sendo escrita em um livro. Não havia histórias de outros mundos, apenas deste mundo em que nós vivemos e aprendemos, nascemos, crescemos e morremos, deste mundo de teto azul e branco criado por Deus. Sim, há muitas teorias no mundo, mas uma só verdade.

Assim dizia o pregador, que clamava com toda a sua força:

— _Não há outra vida, não há outro caminho, não há outra verdade; só o Senhor Jesus Cristo, o Filho de Deus, pode nos salvar e nos dar a vida eterna, quando o pó retornar ao pó, além deste mundo passageiro._

Muitos ouviam o pregador, muitas vidas e muitas histórias; almas com o livre-arbítrio, mas poucos lhe davam crédito, e muitos o ignoravam. No entanto, Mirela estava presente ouvindo a sua pregação. Uma força maior a tocou, e ela abriu o seu coração e, de súbito, ergueu a mão e aceitou Jesus como o seu Senhor e Salvador.

Ela se aproximou do pregador, e o pregador a instruiu e orou por ela, impondo a mão sobre a sua cabeça e ungindo-a com óleo.

Depois que o pregador orou por ela, ela disse ao pregador:

— _Amém, que assim seja._

Com essas palavras, ela deu lugar para o Espírito Santo entrar.

E aquilo que parecia ser impossível inesperadamente aconteceu.

"Fixando neles o olhar, Jesus respondeu: Isso é impossível para os homens, mas para Deus tudo é possível." (Mt 19:26)

Porque, como isso pôde acontecer? Como uma garota que era tão ambiciosa, tão vaidosa, tão egoísta e tão superficial tomaria tal atitude? Quem poderia explicar aquele grande mistério?

No caminho para sua casa, ela já começou a se sentir diferente; sentia uma presença agradável, sentia paz, sentia alegria, sentia bondade, sentia amor, mas não conseguia compreender claramente.

Por isso, procurou ajuda em uma igreja, procurou aprender mais acerca de Deus e de sua Palavra, e a luz foi brilhando e entrando em sua vida, e o seu entendimento e conhecimento foram se abrindo.

Suas amigas não conseguiam entender a sua mudança; estavam atônitas, pois pensavam: — *Como pode uma garota como Mirela, que sensualizava o tempo todo, que era tão vaidosa e tão egoísta, que era uma menina má, de repente mudar de vida tão radicalmente?*

Mas foi isso que aconteceu com ela: aceitou o Senhor Jesus Cristo e mudou; encontrou a verdade e a abraçou de todo o coração. Ela tomou a sua cruz, entrou na estrada para Sião e começou a seguir o Senhor Jesus. Fez o convite às suas amigas, porém, elas disseram: — *Tá louca, Mirela! O que fizeram com a sua cabeça? Fizeram uma lavagem cerebral? Não, amiga, volta a ser o que você era antes, porque esse seu novo estilo de santinha não está lhe caindo muito bem. Pelo contrário, nada a ver. Acorda, amiga.*

E passaram a evitar Mirela, falando mal da moça pelas costas, dizendo que ela havia ficado louca e que não servia mais para andar com elas. Outra vez, Mirela ficou muito feliz ao vê-las e as cumprimentou, mas elas fingiram que não a ouviram e seguiram andando. Olharam para trás, chamaram-na de "crente da bunda quente" e começaram a dar risadinhas de deboche. Com isso, Mirela ficou muito triste e desapontada. Então, Mirela sentiu que estava perdendo suas amigas; sentiu que tinha que fazer uma escolha: ou ficar com suas amigas superficiais, ou ficar com o Senhor Jesus.

E ela acabou escolhendo o Senhor Jesus. Que bom para ela — fez a melhor escolha, sem dúvida alguma. Andando pela cidade, ela encontrou o pregador e lhe falou de suas experiências com Deus.

Disse o quanto Deus estava mudando a sua vida e o seu coração.

O pregador ficou contente ao ver os frutos do Espírito na vida de sua nova irmã em Cristo, que perseverava na fé, buscando a santa presença do Deus Santo. Todavia, ela também disse que se sentia envergonhada quando pensava nas coisas que fazia no passado; envergonhava-se da lascívia e da luxúria, da vaidade excessiva e do seu grande egoísmo. Mas o pregador a confortou e lhe disse:

— _Não se envergonhe mais, irmã, porque agora você é uma nova criatura em Cristo, lavada e remida pelo sangue do Cordeiro. Aquela antiga Mirela morreu; agora você é uma filha amada de Deus, que recebeu graça e misericórdia. Nunca duvide do grande amor de Deus._

Então Mirela disse com muita alegria: — _Amém. Fico feliz em saber que Deus me ama. Graças a Deus, o nosso Senhor e Salvador!_

O que é isso, Mirela! Quem te viu, quem te vê. Verdadeiramente, Deus faz novas todas as coisas, faz o impossível na vida de todos que o buscam com um coração sincero, sim, indubitavelmente.

Tadeu estava se recuperando; assumiu o negócio de sua finada esposa, colocando a sua irmã para gerenciá-lo, e os negócios iam bem. Com o salário de redator do jornal onde trabalhava, junto com as rendas do negócio de sua falecida esposa, ele não tinha do que reclamar — isto é, financeiramente, não tinha nenhum problema.

Entretanto, continuava infeliz pela perda da esposa.

E costumava dizer à sua irmã: — _Está difícil superar._

Sua irmã o ajudava com palavras, mas palavras são só palavras; não conseguiam trazer o resultado desejado, não conseguiam aliviar a sua grande dor, nem tirar do seu peito a saudade. Por isso, ele corria para o bar do Habibi, para afogar suas lembranças doloridas.

Já o pedreiro Mato Grosso, que recentemente havia se casado, estava se esforçando mais do que nunca; pois agora não estava mais sozinho, mas tinha uma bela esposa e um bebê a caminho. O pai da moça lhes doou a sua antiga casa, mas, por questão do contrato de aluguel, eles ainda não podiam se mudar. Por isso, continuavam pagando aluguel por enquanto, já que o contrato venceria em alguns meses. Não iria demorar muito, logo se mudariam para a nova casa.

Esse casamento foi a melhor coisa que aconteceu a Mato Grosso.

Porque, antes de conhecer Ana, ele vivia sem rumo, isto é, vivia uma vida irresponsável; mas o amor de Ana mudou o seu destino.

Já o enfermeiro Cauê continuava procurando uma namorada, mas não tinha muito tempo para sair, pois o seu trabalho de enfermeiro tomava grande parte do seu tempo. Ainda assim, estava poupando dinheiro, pensando no dia do seu casamento. A mulher que se casasse com ele seria uma mulher de sorte, porque ele era um homem dedicado e equilibrado, e não faria sua esposa sofrer. Mas, ainda pensava em sua antiga colega de trabalho, que já estava em outro hospital; não conseguia entender por que ela não cedeu ao seu romantismo. Isso abalou sua confiança e quebrou sua autoestima.

O pregador subiu ao monte para orar com outros irmãos de sua igreja, e fizeram uma vigília naquela noite. A presença de Deus desceu sobre eles como uma chuva fresca, e a glória de Deus operou em suas vidas. Eles desceram do monte radiantes e maravilhados, com uma paz e uma alegria que as dores do mundo não podiam tirar. E como existem almas sofrendo no mundo que jaz no Maligno!

Mas a estrada para Sião está diante de todos; quem quiser ser salvo basta entrar na estrada e seguir Jesus, caminhando após o Senhor, aprendendo com o Mestre, caminhando rumo a Sião, cada um levando a sua cruz. A estrada para Sião, porém, não é espaçosa, e a caminhada é longa e árdua. Mas, quando chegarmos ao fim da estrada, veremos o quanto valeu a pena, pois estaremos no monte Sião: na terra dos nossos sonhos mais intensos, grandes e profundos; na terra prometida, que emana leite e mel, terra de vida e paz; na morada eterna do Deus Altíssimo e Todo-Poderoso; na Cidade santa e amada do grande Rei da Glória, Sublime, Justo e Eterno.

Mirela estava caminhando na estrada que leva a Sião.

Ela fez a escolha certa; é uma mulher bem-aventurada, pois Jesus a ama e a receberá de braços abertos em Sião, no Reino de Deus.

Mas Rita amava a desavença, pois não conseguia parar de irritar Vânia. Mas Vânia estava caindo em si e já não se deixava ser guiada por Rita, nem por suas ideias feministas. Sim, Vânia não aderia mais ao feminismo; por isso, Rita fazia questão de provocá-la e irritá-la.

Vânia, porém, já cansada e de saco cheio, disse à sua amiga Rita:

— _Não está mais dando certo, Rita, dá um tempo. Estou precisando de um pouco de privacidade, estou precisando de um tempo para ficar sozinha. Por favor, me esqueça. Às vezes sinto que vou explodir!_

Então a encrenqueira Rita replicou: — _O que você está querendo dizer com isso? Acaso está querendo ir morar sozinha e me abandonar aqui, pagando o aluguel do apartamento sozinha? Não foi isso que nós combinamos, lembra? Já estamos morando aqui há mais de dois anos, por que você está querendo ir embora? Eu só estou te irritando de brincadeira; mas, se você não aguenta brincadeira, tá bom, eu paro. Mas você não precisa ir embora nem deixar de ser minha amiga._

E, por um tempo, Rita parou de irritar Vânia, parou de ser mandona e dominadora, e começou a tratá-la com mais respeito.

Rita temia perder a amizade de Vânia, pois ninguém mais conseguiria aturá-la, já que era muito chata, uma mala sem alça.

Só mesmo Vânia conseguia suportar a amargura da amargurada Rita, e ela sabia disso; por isso não queria perder sua amizade.

Mas Vânia estava despertando e deixando de ser aquela mulher tímida e pacata, pois começou a se valorizar, a amadurecer e a criar opiniões próprias — coisas que a própria Rita lhe ensinara através do feminismo. Que ironia: o feitiço virou contra o feiticeiro; agora o seu "bichinho de estimação" não queria mais andar na coleira.

No entanto, Vânia não se considerava uma feminista, pois pegara raiva do feminismo pregado com tanta intensidade por Rita, que era um exagero. Na verdade, Vânia já estava se cansando de Rita e pensava em uma forma de ir embora, mas não queria voltar para a casa dos seus pais, nem tinha condições de pagar um aluguel sozinha e se manter apenas com o salário que recebia. A tal Rita podia até ser chata, mas todas as contas eram divididas meio a meio, e isso aliviava o bolso das duas, que iam levando a vida como dava.

São vidas e são histórias, histórias que são escritas todos os dias em uma folha de papel em branco; histórias que nem sempre têm um final feliz. Pois não vivemos em um conto de fadas, onde viveremos felizes para sempre. A realidade do pó é outra — é voltar para o pó.

O homem mortal, feito do pó da terra, não pode viver feliz para sempre; mas o homem imortal e espiritual, sim, este viverá feliz para sempre em Sião, na glória de Deus e junto ao grande Rei de Sião.

As dores dos corações das almas aflitas parecem não findar; mas a estrada para Sião é um bom escape para aqueles que querem ter paz. Como dizia o pregador do Reino, palavras plenas de verdade:

— Não há outra vida, não há outro caminho, não há outra verdade; só o Senhor Jesus Cristo, o Filho de Deus, pode nos salvar e nos dar a vida eterna, quando o pó retornar ao pó, além deste mundo passageiro.

Este é o caminho, e esta é a estrada para Sião: o Senhor Jesus Cristo. A nossa história não precisa terminar aqui. Há uma história eterna a ser contada aos que conseguirem chegar ao monte santo de Sião — a Cidade de Deus e do seu povo santo, a nova Jerusalém.

Capítulo 08

Um grito de socorro.

O ano era 1989, chovia muito na cidade grande.

Ruas alagadas, que mais pareciam um rio do que uma rua pavimentada; as águas invadiram muitas casas, eletrodomésticos e móveis se perderam. Em algumas casas, a água atingiu cerca de um metro. Quando a chuva cessou e a água baixou, tudo que restou foi a lama e o prejuízo. Coisas de uma cidade grande, suja e mal planejada. A dona Maria não aguentava mais passar por aquilo, pois sempre que chovia muito, ela tinha que lidar com o problema da água invadindo sua casa como um rio poluído de urina de ratos.

De fato, a dona Maria, assim como muitos, também estava na lama. E na lama também estava a sociedade, com um grito de socorro preso na garganta, entalado e prestes a implodir; colocavam fé no homem, mas não há nenhum super-homem que possa socorrê-los. Não, a vida real não é como uma história em quadrinhos, não há super-heróis como no gibi. Na grande Babilônia, a injustiça e a opressão dominam com punhos de aço — sem misericórdia.

Como um carrasco com um chicote na mão, açoitando os fracos e os pobres, os desamparados e os necessitados da sociedade, que gemem como uma mulher em trabalho de parto. A humanidade se transformou em um monstro sem coração, como o Godzilla; um monstro sem controle, sem empatia, sem compaixão, sem respeito e sem decência. Multidões, multidões e mais multidões: quem tem ouvidos, ouça o grito de socorro; e quem tiver um pingo de juízo fuja da grande Babilônia e do castigo que está por vir sobre ela.

Porque na Babilônia não há almas inocentes.

O que houve com Tadeu?

Ele não era mais o mesmo: havia se tornado um boêmio, se entregou aos prazeres da noite, começou a torrar o seu dinheiro com prostitutas. Uma delas lhe apresentou a cocaína, sua nova amante; a dama de branco conquistou o seu coração. Agora ele não estava mais conseguindo viver sem ela, pois ela o tirou para dançar uma valsa à meia-noite, num momento em que ele estava sentindo muita solidão. A dama de branco tomou o lugar da solidão, e ele gostou demais do ritmo da sua dança profana — amando-a perdidamente.

Agora estava trabalhando apenas como redator freelancer, pois com isso conseguia mais liberdade para viver na libertinagem.

No entanto, continuava sendo espírita e também continuava tendo um coração mole. Mas quem não dava moleza para ele era a sua irmã, que cuidava do seu negócio, pois ele estava torrando seu dinheiro mais do que nunca e também estava trabalhando pouco, tornando-se um irresponsável. Porém, ele não ligava para as críticas da irmã e continuava vivendo a *la vida loca* com suas novas amizades noturnas e traiçoeiras. É mesmo, eram noites traiçoeiras, orquestradas pelos anjos da noite. Não há amigos de verdade na vida devassa; a vida noturna está cheia de vampiros querendo sugar o seu sangue, como muitos falsos amigos estavam sugando a vida de Tadeu, que parecia ter se entregado e desistido de vez da vida.

Sua alma estava gritando por socorro, sua vida clamava por ajuda; mas se ele não se ajudasse a si mesmo, ninguém mais poderia ajudá-lo. Só ele poderia puxar a corda que o tiraria do fundo do poço, mas para isso era preciso ter muita força — e ele estava fraco.

Foi numa outra noite daquelas que um amigo seu morreu de overdose, dando pico na veia. Estavam na casa de outro amigo: Tadeu e mais uma moça, quatro pessoas compartilhando a mesma seringa. Mas o amigo de Tadeu exagerou na dose de cocaína, e o coração não aguentou o baque; quando a ambulância chegou, já era tarde demais. Depois daquela noite, Tadeu nunca mais tomou droga injetável, apenas cheirava — e cheirava muito, todos os dias.

Seu aspecto mudou: não se alimentava direito, sua casa era uma bagunça, sua vida toda estava bagunçada. Certo dia, chegou ao trabalho cheirando mal, pois não havia tomado banho nem trocado de roupa. Estava pálido, com olheiras, desconcentrado, fraco e trêmulo, pois já havia três noites que não dormia e não ia para casa.

Estava só o pó, e todos os seus colegas de trabalho repararam em sua situação. Sua chefe então lhe disse: — *Assim não dá, Tadeu! De onde você veio? Quer dizer, onde você estava? Já faz três dias que não aparece nem deu notícia, e agora vejo que não está bem. Sua cabeça está longe, seu pensamento está vago, e você está cheirando mal.*

Me desculpe, mas vou ter que te dispensar e procurar outro redator freelancer para ficar no seu lugar. Quando você estiver melhor, me avise, que eu te chamo novamente. Mas agora vá para casa, tome um banho e durma um pouco. Ah, veja se come alguma coisa também.

Chegando à sua casa, ele tomou um banho, comeu um misto-quente, tomou um copo de leite e foi direto para a cama. Dormiu o dia inteiro e a noite inteira; quando acordou pela manhã, ainda se sentindo muito mal, com uma tristeza profunda, além da culpa de seus erros pesando sobre si, cansado de sua situação, pensou consigo mesmo: — *Basta, já chega! Preciso mudar de vida, ou vou acabar morrendo. Não posso mais viver assim, eu mesmo estou me destruindo.*

E ficou sóbrio naquele dia, e também no seguinte.

Na estrada para Sião, perseverando em seguir o Senhor Jesus, o pregador trabalhava para ganhar almas; dizia às almas angustiadas, amarguradas e abatidas: — *Assim o Senhor Jesus disse: "Vinde a mim, todos os que estais cansados e sobrecarregados, e eu vos aliviarei. Tomai sobre vós o meu jugo e aprendei de mim, porque sou manso e humilde de coração, e achareis descanso para vossa alma. Porque o meu jugo é suave, e o meu fardo é leve."* (Mt 11:28-30)

Depois de ter lido este versículo da Bíblia, olhou para os seus ouvintes e acrescentou: — *O Senhor Jesus não tem prazer na dor e no sofrimento de ninguém; pelo contrário, ele faz o convite a todos, todos os que estão sobrecarregados, cansados, aflitos e angustiados, para que se acheguem a ele pela fé. Para que ele possa curar suas dores e tirar o fardo pesado que pesa sobre suas vidas. Porque ele quer dar descanso para vocês, ele quer que vocês provem a paz que só ele pode dar. Ele quer ajudar, ele quer curar, ele quer salvar; ele quer dar vida, e vida em abundância. Ele é o teu Salvador e o teu Criador, o Deus que criou a terra e todo o universo, o Deus que te dá vida todos os dias. Ninguém neste mundo te ama mais do que ele. Ele quer ser o teu Amigo, quer andar ao teu lado, quer te curar das tuas dores, ele quer você. Por isso morreu na cruz do Calvário, para pagar o preço dos nossos pecados e nos dar o perdão e a vida eterna. Dê uma chance pra Jesus, o Filho de Deus; porque você não será decepcionado.*

Pois eu sei que há almas que estão gritando por socorro, mas o homem não pode ajudá-las; somente Deus pode ajudá-las. Hoje é dia de salvação, hoje é o dia em que você terá um encontro com Deus e verá que Ele é verdadeiro, bondoso e fiel. Jesus está batendo na porta do teu coração, mas cabe a você abrir a porta e deixá-lo entrar. Que Deus tenha misericórdia e alcance todos vocês. Que a luz de Cristo penetre em suas vidas e ilumine seus corações. Diga sim a Jesus e saia da escuridão. Entre pela Porta do paraíso, enquanto ainda há tempo.

Na empresa onde trabalhava, em uma construtora, Mato Grosso fazia o seu serviço pensando nas duas mulheres da sua vida: sua esposa Ana e sua menina chamada Amanda, um lindo e doce bebê.

Todos os dias, na hora do almoço, ele ligava para Ana para saber se estava tudo bem — isso era de praxe. Por isso, conhecendo o horário em que ele sempre costumava ligar, Ana colocava o bebê no carrinho e ia até o orelhão da esquina, perto de sua casa, para aguardar a ligação do marido. Já na nova casa doada por seu pai — que não era um homem rico, mas era próspero, pois tinha alguns bens recebidos de herança — Ana fazia seus deveres domésticos e cuidava do bebê. De tardezinha, esperava o marido no portão, com o bebê no colo. Isso também era de praxe, pois ela o amava muito.

Chegando e vendo a esposa, de longe, esperando por ele com o bebê no colo, Mato Grosso ficava feliz da vida ao vê-las e dizia:

— _Já cheguei, meus amores!_

Dava um beijo na esposa e no bebê, e entravam juntos.

A hora de se assentar para ouvir a esposa tagarelar acerca dos acontecimentos do dia havia chegado; "senta que lá vem a história."

Mato Grosso pouco falava, mas Ana falava pelos cotovelos.

Ele não se incomodava com isso; ao contrário, gostava de ouvir, enquanto brincava com o bebê. Ele também havia se afastado dos velhos amigos — os amigos de farra e de bagunça —, isso por causa de sua atual situação de pai de família, responsável e ajuizado.

Pois, quando era solteiro, ele e os seus amigos bagunçavam muito: bebiam, usavam drogas, iam às festas atrás de mulheres, enfim. Coisas de homens solteiros — coisas que haviam acabado.

Mas agora, bem-casado e com um bebê para criar, ele colocava a sua esposa e a sua filha em primeiro lugar; primeiro a sua família.

Ana colocou juízo na cabeça dele, e o bebê também ajudou.

Cheio de apetite, Mato Grosso disse à sua esposa Ana:

— *Hoje eu estou com vontade de comer um bife a cavalo.*

Ana replicou: — *O que você disse? O que é um bife a cavalo?*

— *Ah, não vai me dizer que você não sabe o que é um bife a cavalo?*

— *Não, eu não sei o que é, e também não sei fazer.*

— *É muito fácil, amor. Um bife a cavalo é um bife comum, com um ovo frito em cima. Quer dizer, mais ou menos isso. Faz isso e está bom.*

— *Tudo bem, vou fazer o tal bife a cavalo. Mas você vai espremer a laranja para fazer o suco da Amanda, sem reclamar. Ontem você reclamou e não quis fazer, mas hoje você vai fazer. Combinado?*

Depois do jantar, ela colocou o bebê para dormir.

Depois foi para o quarto, onde o marido já estava deitado à sua espera; havia chegado a hora de namorar um pouco, e torciam para que, desta vez, o bebê não acordasse. No fim de semana, o vizinho do lado deu uma festa de arromba, e o volume do som estava muito alto. Já era mais de dez horas da noite, e o bebê precisava dormir, mas não conseguia com tanto barulho. Então Mato Grosso foi falar com o vizinho educadamente e lhe expôs a situação, dizendo que o bebê não estava conseguindo dormir por causa do som alto, e pediu para que abaixasse um pouco o volume — com muita gentileza.

Mas o vizinho, já embriagado, tratou Mato Grosso de modo grosseiro e disse que não ia abaixar o volume do som. Então Mato Grosso falou que iria chamar a polícia e foi até o orelhão para ligar e fazer a denúncia. Os outros vizinhos acompanhavam a discussão de longe, mas ninguém ousava se intrometer, porque, de fato, são poucos os que gostam de entrar em brigas alheias — ainda mais os seus vizinhos, que eram pessoas de bem, e detestavam escândalos.

Mato Grosso foi andando até o orelhão da esquina. Enquanto seguia o caminho, o seu vizinho saiu correndo de dentro de sua casa com uma faca na mão e lhe deu três punhaladas nas costas; depois pegou o carro e saiu desvairado para tentar fugir do flagrante.

Ana, que estava dentro de casa cuidando do bebê, ouviu um alvoroço na rua e saiu para ver o que estava acontecendo. E o que ela viu a deixou em estado de choque. Os outros vizinhos tentavam contê-la para que não chegasse perto do corpo e, com calma, diziam:

— *Já chamamos a ambulância, fique calma, tudo vai ficar bem.*

Mato Grosso estava mal, mas ainda lúcido.

Todavia, perdia muito sangue. Ana ficou desesperada ao ver o marido no chão coberto de sangue e chorava intensamente, com o coração angustiado, enquanto os vizinhos veementemente tentavam acalmá-la. Mas, por dentro, sua alma estava gritando por socorro.

A polícia chegou, coletou alguns depoimentos e aguardou a ambulância. Quando ela finalmente chegou, os cuidados dos paramédicos deixaram Ana um pouco mais tranquila; no entanto, o estado de Mato Grosso era muito grave. Viaturas policiais foram acionadas para procurar o vizinho que havia fugido logo após o ocorrido, mas não conseguiram encontrar o meliante naquela noite.

Já no hospital, muito angustiada, Ana aguardava notícias do marido, que continuava na sala de cirurgia. Com o coração na mão, temendo receber uma má notícia, Ana pensava consigo mesma:

— *Não sei se vou suportar a dor de viver sem ele.*

Com os olhos apertados, as lágrimas desciam sobre o seu rosto. Sua mãe a abraçava com força e também se emocionava.

Porém, na cabecinha da pequena Amanda, que dormia tranquila na casa de uma vizinha do casal, era como se nada houvesse acontecido. Ela ainda não podia compreender que corria o risco de crescer sem a companhia do pai, que a amava tanto. Porque, caso ele morresse, Amanda não teria lembranças de seu amor no futuro.

Capítulo 09

O mundo jaz no Maligno.

Um filho que virou bandido, uma filha que virou prostituta, um jovem estudioso e educado que se perdeu no submundo das drogas, uma atriz de filme pornô que se suicidou, uma mulher que matou o marido envenenado, uma filha que mandou o namorado matar os pais para ficar com a herança, um irmão que matou o outro irmão por causa de time de futebol, um pai que forçou a própria filha a ter relações sexuais com ele, um idoso que tocou e abusou de uma criança, uma criança que foi vendida à prostituição, uma jovem que foi esquartejada e colocada dentro de uma mala, uma família que fazia rituais satânicos, matando mulheres e comendo a carne delas, um serial killer que matou mais de trinta jovens, outro serial killer que matava os companheiros e comia partes do corpo deles, uma mulher que tramou a morte do próprio marido, um namorado que matou a namorada por ciúme, sequestros, roubos, assaltos, fraudes, homicídios, suicídios, guerras, doenças incuráveis, desigualdade social, traição, luxúria, drogas, golpes, corrupção, extorsão, enfim.

O mundo jaz no maligno. E o amor está dando lugar ao ódio.

A estrada que leva ao abismo está tão cheia de almas que há até engarrafamento; pois é uma estrada larga e espaçosa, fácil de trilhar, e por isso uma multidão de pessoas segue por ela rumo ao abismo.

Porém, a estrada para Sião é apertada — isso sem falar da cruz que temos que carregar — e são muitos os que a rejeitam; mas a boa parte é que, felizmente, ainda existem muitas almas andando por ela.

Como o pregador e Mirela, que andavam com Jesus na estrada que leva a Sião; na estrada que leva à nova Jerusalém; na estrada que leva ao Santo Monte de Deus; na estrada que leva à vida eterna; na estrada que leva ao Reino de Deus; na estrada que leva à paz, à alegria, à felicidade plena, ao descanso, à segurança, ao amor, às fontes do Rio e aos pastos verdejantes; na estrada que leva a um novo céu e a uma nova terra. Sem guerras, sem dor, sem fome nem sede, sem ódio, sem sofrimento e sem morte. Essa é a estrada que leva a Sião, que só pode ser acessada por uma Porta, e essa Porta é o Senhor Jesus Cristo, o Filho do Deus Pai, o Deus Filho, o Senhor da Glória, Santo e Bendito para sempre — eternamente Rei.

Quem são aqueles que tramam o mal contra o pregador?

São homens violentos, instigados por Satanás.

Mas o pregador continuava pregando o evangelho e confiando no seu Deus. Ele tocou a campainha da casa; uma mulher saiu com a cara fechada, mas ele a cumprimentou dizendo: — _Deus tem uma mensagem para você, mulher abençoada. Eu posso ter só um minutinho da sua atenção, para lhe apresentar o verdadeiro Deus e a verdadeira salvação, que salvará e também abençoará a sua vida e a sua casa?_

Mas ela disse que não queria ouvir papo de crente, disse que não queria salvação nem bênção, disse que estava apressada e atrasada para sair; mas, na verdade, não ia a lugar nenhum. Ela mentiu e só falou aquilo para dispensar o pregador. Mas o pregador insistiu:

— _Vai ser só uma palavrinha rápida, não vou tomar muito do seu tempo; dê uma chance para Jesus, Deus está querendo falar com você._

Então a mulher disse: — _Deus pode até estar querendo falar comigo, mas eu não estou nem um pouco interessada em falar com Ele. Por favor, vá embora, não estou com cabeça para ouvir suas loucuras. Saia, antes que eu perca a cabeça e lhe jogue um balde d'água fria!_

Dito isso, entrou e bateu a porta com muita raiva.

E o pregador, já acostumado com aquele tipo de tratamento, deu glória a Deus e seguiu o seu caminho. E Deus seguiu com ele.

Mas aquela mulher que desprezou a palavra de Deus, que rejeitou o Salvador Jesus Cristo, que profanou o sangue do Cordeiro derramado em favor dela, que fez pouco caso do seu Criador e que humilhou o servo de Deus, permaneceu em sua casa tomada pela escuridão, pois não deixou a luz entrar e iluminar as trevas que ali havia. E permaneceu nas trevas até o dia da sua morte — que não demorou muito tempo. Assim, ela perdeu o ingresso para o paraíso.

Em seu apartamento, Vânia, que não fumava, estava fumando um cigarro na sala de estar. Quando Rita chegou, implicou com ela por causa da fumaça e do mau cheiro insuportável de cigarro. Mas Vânia fingiu que não ouviu e continuou fumando enquanto assistia televisão. Então Rita desligou a televisão e, mais uma vez, chamou a atenção de Vânia. Já com os nervos à flor da pele, ela disse a Vânia:

— Poxa, Vânia, que sacanagem! Por que você não foi fumar na sacada? Olha o mau cheiro de cigarro que ficou na sala, olha as cinzas de cigarro no chão. Qual é o seu problema? Assim não dá.

Mas a Vânia estava mudada — isto é, não era mais a mesma mulher pacata, não engolia mais as reclamações de Rita. Então, se levantou do sofá, irritada, e disse: — _Os incomodados que se mudem!_

A amizade das duas havia se tornado tóxica. Elas não eram mais tão próximas como outrora, pois Rita continuava sendo a mesma, mas Vânia havia mudado — e muito — e não aceitava mais o desaforo da amiga. Elas discutiam mais do que conversavam, brigavam mais do que se ajudavam, e isso não era bom para nenhuma das duas. Na verdade, isso não é bom para ninguém.

Mas estava parecendo que Vânia estava se tornando uma menina má; ela simplesmente estava agindo de modo diferente. Pelo jeito, não estava mudando para melhor, e sim para pior. Deixou de ser aquela moça tímida e pacata, cansou de apanhar de Rita, cansou de suprimir o caos e o vendaval que estavam adormecidos dentro dela.

Colocou as luvas e estava partindo para cima dos seus medos.

Começou a sair com outras pessoas e, nas festas, ficava com muitos caras. Bebia e se divertia, mas não gostava de drogas; apenas fumava e bebia. Já Rita ficava em casa. Às vezes saía com suas amigas feministas, mas não era de beber nem de correr atrás de macho. Por isso, voltou a estudar como uma forma de preencher seu tempo e, quem sabe, melhorar de vida conseguindo um emprego melhor. Mas Vânia estava como naquela música do MC Leozinho:

— Ela só pensa em beijar, beijar, beijar, beijar! E vem comigo dançar, dançar, dançar, dançar...

De vez em quando, chegava ao seu apartamento acompanhada de um novo cara — às vezes, mas nem sempre. Porém, nunca namorou um cara sério: os homens que ficavam com ela só queriam aquilo, e parecia que ela também só queria aquilo. Mas a conservadora Rita não gostava nada daquilo. Não gostava de ver homens estranhos, que nunca havia visto antes, entrando e saindo do seu apartamento, pois temia que algo ruim acontecesse — e nisso Rita estava certa.

Porque pensava consigo mesma: — *E se o cara for um maníaco psicopata, ou um ladrão, ou um bandido procurado, ou um assassino!*

Já cansada daquela situação, Rita deu um ultimato à Vânia, chamou-a para uma conversa séria e lhe disse: — *Deste jeito não vai dar para ficar. Ou você para de trazer os seus namorados para cá, ou uma de nós vai ter que ir embora. Por que vocês não vão a um motel? Se pelo menos o seu namoro fosse sério... Mas o seu namoro não é sério, nem os caras com quem você fica a levam a sério. Você aparece um dia com um cara, e algum tempo depois aparece com outro, com pessoas estranhas que eu não conheço. Acho que nem você os conhece direito. Isso é perigoso, amiga. Decida: o que você vai fazer quanto a esta situação? Porque assim não vai dar para ficar — não mesmo.*

Então Vânia suspirou e disse: — *Ok, fica você no apartamento, porque eu vou embora. Vai ser melhor assim. Só me dê um tempo para conseguir um lugar para morar. Mas pode ficar tranquila, porque durante esse tempo eu não vou mais trazer ninguém para cá.*

Assim elas decidiram, e assim foi feito.

A partir daquele dia, Vânia começou a procurar um novo lar.

Vânia estava indo por um caminho que não era bom, levando uma vida libertina, saindo com caras que mal conhecia, fazendo novas amizades duvidosas, amando a vida noturna e a bebedice, enfim. Antes de conhecer Rita, Vânia morava com seus pais, não tinha muitas amizades, mas sempre gostava de namorar escondido.

Ficava com alguns rapazes, mas nunca teve um compromisso sério com ninguém, pois era tímida e recatada, e só ficava com os rapazes às escondidas. Era uma moça caseira, educada e cheia de amor para dar, mas não tinha coragem de "soltar a franga".

De fato, guardou por anos esse seu lado mais libertino e ousado; mas agora estava se libertando de si mesma e se transformando em outra pessoa — para o seu próprio mal. Porque o mundo jaz no Maligno, e ela estava se lançando de cabeça nele, gostando da sua nova natureza e personalidade. Estava gostando de ser tratada como a "gostosa do pedaço"; porém, também estava ganhando má fama.

Sim, ela estava mudada, e muitos notaram a sua triste mudança.

Pois havia se transformado em uma mulher bêbada e libertina.

E eu, que pensava que ela não estava bem do modo como vivia antigamente com Rita, quando era pacata, tímida e tranquila, agora vejo que ela estava melhor outrora do que no que havia se tornado.

Mudou, tornando-se uma menina má, entregue aos prazeres.

Não sei... Vânia é adulta e sabe o que é melhor para si mesma.

Eu sou apenas o narrador da história, e o narrador não se intromete na narrativa — a não ser que seja um péssimo narrador.

Passado algum tempo, Rita estava tomando café da manhã na padaria, quando um rapaz sentou-se no balcão ao seu lado e começou a puxar assunto. Não era comum vê-la conversando com homens, pois tinha uma cisma feminista contra eles e pensava que todos eram machistas e gostavam de dominar sobre a mulher.

Mas, por incrível que pareça, ela deu atenção àquele sujeito, interagindo com ele sem fanatismo feminista. Daquele dia em diante, eles sempre se viam e conversavam todas as manhãs na mesma padaria. Acabaram se tornando bons amigos e, de bons amigos, se tornaram namorados. Ele começou a amaciar o coração de Rita, que, de feminista, passou a querer ser apenas feminina. O rapaz era um cristão desviado da igreja. Seu nome era Alex, e sua vontade era encontrar um amor verdadeiro — e parecia que havia encontrado.

Vamos ver se ele vai conseguir domar a fera.

Mas se houve mudança para Mirela, por que não poderia haver mudança para Rita? Para Deus, tudo é possível, diz o narrador.

Dentro de seu quarto, com a porta trancada, Mirela já não se produzia com vestes sensuais para sair à balada. Em vez de músicas românticas dos anos 80, ouvia hinos espirituais da Harpa Cristã.

Com os joelhos no chão, orava e buscava a presença de Deus com intensidade e fervor — e Jesus se deixava ser encontrado por ela.

Ela estava apenas sendo sábia buscando a salvação do Salvador, firmando-se na Rocha, livrando-se do mundo que jaz no Maligno.

Pois o mundo jaz no Maligno, mas nem tudo está perdido: ainda há esperança, há uma luz verdadeira que dissipa as trevas, há uma estrada que leva a Sião, há um Deus que pisa na cabeça do Maligno.

O inferno não subirá à superfície da terra, mas os que estão sobre a superfície da terra, dentro dos portões da grande Babilônia, satisfazendo a vontade da grande prostituta, descerão ao inferno.

Mirela fugiu da grande Babilônia, e entrou na estrada que leva ao monte Sião. E estava perseverando em seguir o Senhor Jesus Cristo.

Quem poderá separá-la do amor de Cristo? Se ela fez a boa e correta escolha de seguir o Senhor na estrada que conduz a Sião.

"Portanto, que poderemos dizer diante dessas coisas? Se Deus é por nós, quem será contra nós? Aquele que não poupou nem o próprio Filho, mas, pelo contrário, o entregou por todos nós, como não nos dará também com ele todas as coisas? Quem trará alguma acusação contra os escolhidos de Deus? É Deus quem os justifica; quem os condenará? Cristo Jesus é quem morreu, ou, pelo contrário, quem ressuscitou dentre os mortos, o qual está à direita de Deus e também intercede por nós. Quem nos separará do amor de Cristo? Será tribulação, ou angústia, ou perseguição, ou fome, ou privação, ou perigo, ou espada? Como está escrito: Por amor de ti somos entregues à morte todos os dias; fomos considerados como ovelhas para o matadouro. Mas em todas essas coisas somos mais que vencedores, por meio daquele que nos amou. Pois tenho certeza de que nem morte, nem vida, nem anjos, nem autoridades celestiais, nem coisas do presente nem do futuro, nem poderes, nem altura, nem profundidade, nem qualquer outra criatura poderá nos separar do amor de Deus, que está em Cristo Jesus, nosso Senhor." (Rm 8:31-39)

O mundo jaz no Maligno, mas há uma estrada para Sião.

Capítulo 10

Sorte, acaso ou destino?

A roda do destino está girando.

Quem decidirá: — *A sorte ou o acaso?*

O ano era 1990, primavera, flores desabrochando; nas maternidades, muitas almas chegavam ao planeta Terra — e já chegavam chorando. Umas nasciam em berço de ouro, outras nasciam em uma família problemática, outras nasciam em uma família muito pobre, outras nasciam no primeiro mundo, outras nasciam no terceiro mundo, umas nasciam na pobreza da África, outras já nasciam dentro do sonho americano, e ainda outras nasciam como príncipes na Europa. Sorte, acaso ou destino?

Neste caso, eu digo que foi a sorte e o acaso, como num jogo de loteria. Como a criança que nasceu dentro de uma família pobre e problemática, com pais alcoólatras e irmãos desonestos: ela não pediu para nascer dentro daquele lar de fel, no entanto nasceu, e cresceu aprendendo com a sua família. Entretanto, depois que começou a compreender o que era certo e o que era errado, já adulta, decidiu que seria uma pessoa melhor, pois tinha o livre-arbítrio. E escolheu ser uma pessoa honesta e decente — diferente de sua família. Mesmo nascendo dentro de um lar amargo e pobre, ela preferiu não seguir o exemplo dos seus pais e dos seus irmãos.

Mas a outra criança, que já nasceu em berço de ouro, em um lar doce lar, com uma família amorosa, que sempre teve de tudo do bom e do melhor, acabou se tornando rebelde na adolescência — um jovem maligno e inconsequente. E, posteriormente, na fase adulta, virou um homem do mal, mesmo nascendo e vivendo dentro de um lar doce lar — recebendo uma boa educação. Talvez ele tenha sido mimado demais pelos pais, talvez lhe tenha faltado experimentar um pouco da dor, da tristeza, da frustração e do sofrimento do mundo.

Ele não se tornou um homem mau porque a sua vida foi difícil; tornou-se um homem mau porque escolheu ser um homem mau.

Sorte, acaso ou destino? O pregador falava sobre essas coisas:

— *Para as almas que estão no mundo, vivendo para si mesmas, o destino delas depende da sorte e do acaso; mas não para as almas que amam a Deus e se tornam seus filhos pela fé no Senhor Jesus Cristo.*

Para essas almas, o destino não depende da sorte nem do acaso, e sim da vontade de Deus, o seu Pai. Porque Deus cuida apenas dos seus, daqueles que lhe pertencem; que fazem a sua vontade, que buscam a sua presença, que não rejeitam a sua Palavra, que o amam como Criador e Salvador, e que se entregam de corpo, alma e espírito em suas mãos. Esses terão seus destinos orquestrados pela boa mão de Deus. Porque Deus não se intromete no livre-arbítrio de ninguém, mas respeita as escolhas das pessoas. Ele não faz nenhum joguete dizendo: Esse nascerá pobre e cheio de problemas, mas aquele nascerá rico e afortunado. Não! Isso ele entrega nas mãos da sorte e do acaso. Mas, depois que a pessoa nasce e cresce, cabe a ela escolher se vai continuar dependendo da sorte e do acaso ou se vai buscar a Deus e entregar o seu destino em suas mãos. Porque Deus só cuidará do destino daqueles que lhe pertencem. Já o destino daqueles que não querem fazer parte da família de Deus está entregue à sorte e ao acaso. Todavia, em muitos casos — não em todos, mas em casos especiais — há exceções, e Deus mexe os seus pauzinhos para intervir em seus destinos. Porque, sendo presciente, sabe que tais pessoas um dia o aceitarão como Salvador; por isso, lhes prepara o caminho, mudando a sua rota. Isso se chama plano de Deus, do Deus Bendito que conhece os corações de todas as almas viventes e sabe como salvar aqueles que estão longe do Caminho, mas anseiam por sua luz, sua verdade, sua justiça e por sua Palavra. Pois ele conhece o começo, o meio e o fim de todas as almas.

E aconteceu que o irmão de Mirela sofreu um acidente de moto e foi parar no hospital onde Cauê trabalhava como enfermeiro.

Graças a Deus, pelas orações e intercessões de sua irmã Mirela, ele sobreviveu, mas ficou um tempo internado com várias fraturas nos ossos; e Mirela sempre ia visitá-lo. Cauê ficou muito encantado por Mirela e começou a puxar assunto com ela. E ela também viu a chance de ganhá-lo para Cristo e o convidou a ir fazer uma visita à sua igreja. Ele não hesitou e logo disse sim, pois estava muito interessado pela bela moça. Porém, as intenções dos dois eram bem diferentes: ela queria ganhá-lo para Jesus; ele só queria ganhá-la.

Naquela noite, Cauê não conseguiu dormir, pensando na moça.

Outro dia, no seu horário de almoço, quando estava saindo para comer, ele viu Mirela, a cumprimentou e aproveitou a oportunidade:

— *É hora do almoço, quer almoçar comigo?*

Ela aceitou o convite e foi almoçar com ele. Quer dizer, comeram um lanche: ele pediu um X-tudo e ela pediu um X-salada. Isso eles tinham muito em comum — gostavam bastante de fast-food.

Comeram e conversaram sobre muitas coisas naquele dia.

No domingo, ele foi à igreja e encontrou Mirela. Ouviu a palavra de Deus, mas não estava muito interessado em buscá-lo naquele momento; estava mais interessado em conquistar a bela Mirela.

Ele foi uma vez, duas vezes, três vezes, quatro vezes, mas na quinta vez que foi à igreja, a Palavra de Deus tocou-lhe o coração, e ele aceitou o Senhor Jesus como o seu único Senhor e Salvador.

Continuou indo à igreja, mas não mais apenas para tentar conquistar Mirela, e sim por Jesus. Entretanto, ainda continuava apaixonado por ela e pensava muito nela. Pois sua conversão não o fez esquecê-la; pelo contrário, ele a amava cada vez mais. Contudo, sua confiança ainda estava abalada — e sua autoestima, quebrada.

Mas ele tirou força da fraqueza e coragem da covardia, e convidou a moça para dar um passeio e, quem sabe, comer outro lanche — coisa que os dois gostavam muito. Ela aceitou o convite, porque também estava começando a se interessar por ele.

Na lanchonete, Cauê disse a Mirela que gostava muito dela, olhou em seus olhos e lhe perguntou: — *Quer namorar comigo?*

E Mirela, nem um pouco envergonhada, deu sua resposta:

— *Achei que este dia nunca ia chegar. Sim, é claro que eu quero.*

Então os dois conversaram e trocaram olhares. Saíram da lanchonete de mãos dadas, mas não houve nenhum selinho, pois tinham o temor do Senhor e não queriam ultrapassar os limites da pureza. Pois o namoro cristão não é como o namoro do mundo. Eles foram comunicar ao pastor da igreja, e o pastor lhes deu algumas instruções e abençoou o namoro (embora nada disso fosse preciso, mesmo assim eles quiseram fazer). Cauê a levou para conhecer seus pais, e ela, igualmente, também o levou para conhecer os dela.

Cauê amava o Senhor Jesus e estava feliz ao lado de Mirela; Mirela amava o Senhor Jesus e estava feliz ao lado de Cauê.

Por isso, juntos oraram a Deus em nome de Jesus: — *Meu Deus, nós te agradecemos por ter nos unido, te agradecemos porque o Senhor é bom e está nos ajudando a caminhar com integridade e fidelidade. Em nome do Senhor Jesus Cristo, ó Pai, nós te pedimos que nos ajude a ter uma relação pura, e que o Senhor nos guarde e nos fortaleça até o dia do nosso casamento. Que a tua vontade seja feita em nossas vidas, livra-nos de todo mal e não nos deixe cair em tentação. Amém.*

De fato, a carne é fraca, por isso eles queriam se casar depressa.

Para um cristão, não faz muito sentido ficar namorando por muito tempo; assim, depois de alguns meses de namoro, eles noivaram e, após um tempo de noivado, se casaram. Como Cauê era um homem prevenido, assim que se casaram já se mudaram para a nova casa mobiliada. Não demorou muito para Mirela engravidar de Cauê. No caso de Mirela e Cauê, não creio que tenha sido obra do acaso, do destino ou da sorte, mas acredito que foi obra de Deus.

Contudo, eles fizeram a sua parte nessa obra, e Deus deu o acabamento. De fato, para que os planos de Deus deem certo em nossa vida, precisamos fazer a nossa parte. Eles estavam felizes na presença de Deus, seguindo o Senhor Jesus e fazendo a sua vontade, andando pela estrada que conduz a Sião, à santa Cidade de Deus.

E o Senhor abençoou Cauê e Mirela, pois eram fiéis em Cristo.

Durante uma reunião do Narcóticos Anônimos, enquanto permanecia internado numa clínica de reabilitação para dependentes químicos, Tadeu compartilhava sua história com outras pessoas.

Ele já estava limpo das drogas havia meses e seguia internado, fazendo o tratamento para voltar à vida sem olhar para trás, de cabeça erguida. Na clínica refletiu muito sobre suas loucuras e entendeu que havia ido longe demais; por isso, estava disposto a melhorar e dar uma nova chance a si mesmo. Na clínica também havia os que estavam internados por alcoolismo, homens que chegaram ao fundo do poço devido aos vícios. Não havia santo naquele lugar: todos erraram muito e cometeram muitas loucuras.

Ouvindo a história de um paciente que também estava internado por causa do maldito vício das drogas e do álcool, o altruísta Tadeu se emocionou bastante, pois a narrativa da história era muito triste.

O tal paciente contava que, por causa das drogas e da bebida, perdeu a sua noiva em um trágico acidente de carro que a matou.

Ele dizia que não conseguia se perdoar pelo que aconteceu.

Contou que, no dia do acidente, havia bebido muito e usado drogas; mesmo assim, apesar de não estar sóbrio, foi buscar sua noiva e sua sogra na casa da avó doente, que morava numa cidade próxima — uns 30 km. Ao vê-lo, sua noiva percebeu que havia algo muito errado em seu comportamento e, desconfiada, perguntou:

— *Você está bem para dirigir? Parece que você bebeu.*

Mas ele, tentando manter a postura, respondeu:

— *Eu estou bem, só tomei uma cervejinha.*

Ela ficou desconfiada, mas entrou no carro e foi embora com ele; a mãe permaneceu para cuidar da avó por mais um dia. Na estrada, os dois discutiam, pois ela percebia que ele estava bêbado e drogado.

Era noite, a estrada estava escura, ele estava fora de si, e ela não parava de falar. De repente, perdeu o controle do carro e capotou.

Ele ficou gravemente ferido, mas sobreviveu; ela, porém, não resistiu. Depois de algum tempo, quando recebeu alta do hospital, afundou-se ainda mais nos vícios, consumido pela culpa da morte da noiva, pelo peso na consciência e pela saudade que sentia dela.

Seria isso falta de sorte, acaso ou castigo de Deus?

Nenhum dos três — foi só um acidente. Mas não apenas um acidente, também foram as consequências dos seus próprios erros.

Porque, se ele estivesse sóbrio, dificilmente isso teria acontecido.

Quanto à moça, ela percebeu que ele estava mal e poderia ter se recusado a ir com ele naquele estado, mas fez uma escolha errada.

Mas se ela fosse uma serva de Deus e tivesse sua vida entregue em Suas mãos, poderia ter sido livrada daquele trágico acidente. Mas Deus só tem compromisso com aqueles que têm compromisso com Ele; e só pode intervir na vida daqueles que se entregam aos seus cuidados. Porque Deus é bom e fiel, mas sobretudo, Ele é justo.

Porque, como eu poderia agir em favor de alguém que se recusa veementemente a ser meu amigo, que não me conhece e nem sequer deseja me conhecer? É claro que não há como eu fazer nada por ela.

Pois ela não tinha nenhum compromisso com Deus.

Pelo contrário, ela já havia negado o Senhor Jesus muitas vezes.

"Os olhos do SENHOR estão sobre os que o temem, sobre os que esperam pelo seu amor, para livrá-los da morte e conservá-los vivos em tempo de fome." (Sl 33:18,19)

Porque todas as almas que não estão nas mãos de Deus, estão nas mãos da sorte e do acaso; e o pior, elas têm como o seu deus o Diabo, o príncipe deste mundo. E quando ela partir desta vida, não irá morar com Deus em Sião, irá morar com o Diabo nas trevas.

Já recuperado e em sua casa, Tadeu deu um novo rumo à sua vida, colocando tudo em ordem, recuperando o seu emprego e cuidando do seu negócio do qual a sua irmã cuidava e gerenciava.

Ele voltou a frequentar o centro espírita, se entregou à leitura dos livros da sua religião, e participava de eventos espíritas de obras de caridade; parou até de beber. O dono do boteco que ele costumava frequentar, foi quem mais perdeu — perdeu um bom freguês, que bebia muito, e ainda pagava bebida para outras pessoas que estavam sem condições financeiras para beber. Certo dia, ele ficou sabendo que um dos seus antigos amigos de seringa havia morrido de AIDS; e ficou preocupado com sua saúde, pois havia compartilhado seringa com ele, para dar o tal do pico na veia — naquela época sombria.

Então ele fez o exame para verificar se estava limpo. Quando o resultado ficou pronto, foi à clínica onde havia realizado o teste de HIV e entrou no consultório do médico para saber o resultado.

Mas quando recebeu a notícia do médico, que não era boa, ficou desiludido; pois o exame havia constatado soropositivo, ele estava com o vírus do HIV, e saiu desanimado e muito abatido por causa da dura notícia. De cabeça baixa andando pela calçada, muito triste, inconformado, aflito e angustiado, ele pensou consigo mesmo:

— Eu estava indo tão bem, justo agora que recobrei o juízo e a serenidade. O que vou fazer? A minha vida acabou, o meu fim chegou!

Sorte, acaso ou destino?

Nenhum dos três: isso foi causa e efeito.

Tudo estava indo de vento em popa, de repente, o seu mundo desmoronou, e ele ficou sem chão, sem saber o que fazer. Tadeu recebeu uma notícia avassaladora e dolorosa — de dar um frio na barriga, de partir o coração, de assassinar a esperança, e de dar um bom motivo para voltar a beber e ter uma recaída nas drogas.

E foi exatamente isso que aconteceu.

O dono do boteco ficou feliz ao ver Tadeu entrando em seu estabelecimento, e lhe disse com muita alegria e empolgação:

— _Quem é vivo sempre aparece!_

Entretanto, ele também notou que Tadeu estava muito abatido; e lhe perguntou o que estava acontecendo. Mas Tadeu não quis revelar o seu problema, e disse que estava tudo bem, e começou a beber para tentar esquecer o mal que estava lhe atormentando.

Não demorou muito para o álcool começar a fazer efeito em sua mente — não demorou muito para a vontade de usar drogas voltar.

Pois o álcool o deixava vulnerável às tentações das drogas; porque estando bêbado, a vontade de usar drogas aumentava, e ficava impossível dizer não a um entorpecimento de nível maior.

O Tadeu estava fraco e demasiadamente desiludido, não era preciso ser nenhuma mãe Dinah para prever no que isso iria dar.

E infelizmente deu no que deu; essa era a brecha que o inimigo tanto precisava para voltar a escravizá-lo novamente. Sorte, acaso ou destino; no caso do Tadeu ele estava nas mãos da sorte e do acaso, pois não conhecia o Senhor, para que este pudesse cuidar do seu destino; entretanto, Deus ainda podia curá-lo e salvá-lo.

Mas isso também iria depender da escolha do Tadeu.

Capítulo 11

Uma luz no fim do túnel.

Na cidade grande, dentro dos portões da Babilônia, almas sem eira nem beira, descalças e nuas, só pele e osso no vale da sombra da morte. Estendem a mão e se humilham por migalhas; todavia, rejeitam o grande banquete do Deus Criador, que tem uma mesa farta reservada para quem o busca. Mas os escravos continuam acorrentados, recebendo muitos e duros açoites dos anjos das trevas.

O ano era 1992, o calor estava de matar, era verão, e as multidões desciam para o litoral, para refrescar seus corpos nas águas salgadas da praia e, ao mesmo tempo, se queimar na areia quente e no sol ardente. O marido da mulher que estava acima do peso se levantou e saiu debaixo do guarda-sol para buscar algo para beber. Longe dos olhos da esposa, ele começou a flertar com a gata de biquíni e até lhe pagou uma bebida, sem nenhum interesse, apenas por gentileza.

(Será mesmo? Sei não... pra cima de moá.)

Quando ele voltou, sua mulher gritou, irritada:

— _Nossa, que demora! Estava fazendo o quê?!_

Mal sabia ela que ele a estava traindo em seus pensamentos.

A pequena Amanda estava brincando na piscina inflável com seu patinho de borracha, quando Ana veio apressada e lhe disse:

— _Já está bom, criança. Chega de brincar na água; você já ficou muito tempo nessa piscina. É hora de sair, vem com a mamãe._

E na sala, assistindo televisão sobre uma cadeira de rodas, estava o Mato Grosso, rindo do filme de comédia que assistia. Ele não morreu por muito pouco, quando, um tempo atrás, levou três facadas pelas costas do vizinho que estava embriagado e cheio de ódio. Depois do ocorrido, o vizinho fugiu para sua terra natal, que ficava no Nordeste. O Mato Grosso não morreu, mas ficou paraplégico, isto é, perdeu os movimentos das pernas — apenas os movimentos das pernas —, por isso não precisava usar fraldas.

No começo foi muito duro para ele, mas, com o passar do tempo, começou a superar e a se conformar com sua nova condição física, visto que o médico disse que ele nunca mais voltaria a andar.

Mas isso não esfriou o amor de Ana por ele; pelo contrário, se não fosse por ela, talvez ele não tivesse suportado sua nova situação.

Pois ela o sustentou e o ajudou nas horas difíceis, nos momentos de recaídas, quando ele não conseguia aceitar sua nova condição.

Ela o apoiou o tempo todo e levantou sua moral. Mas agora os maiores problemas eram financeiros, pois o benefício que ele recebia por invalidez era bem menor do que o salário que recebia como pedreiro em uma construtora. Ana não podia trabalhar por enquanto, por causa de Amanda, que ainda era muito pequena e precisava dos cuidados da mãe amorosa. O pai dela ajudava um pouco; contudo, isso feria o orgulho de Mato Grosso, que sempre foi trabalhador e nunca precisou da ajuda de ninguém. Mas, pelo bem da família, ele tinha que engolir o orgulho e aceitar a ajuda.

O ex-pedreiro Mato Grosso tinha dias bons e dias ruins e, às vezes, também ficava depressivo, sem conseguir ver a luz no fim do túnel. Ainda assim, ia levando a vida do jeito que dava, amando sua mulher e sua filha, que lhe davam razões suficientes para continuar vivendo — dia após dia, semana após semana, mês após mês e ano após ano. Ele sabia que as coisas poderiam ter sido muito piores: poderia ter ficado tetraplégico ou até mesmo morrido naquele dia.

Certa vez, em um feriado — dia do aniversário da cidade, eles foram passear com Amanda em um evento comemorativo que haveria na praça do bairro. No evento, comeram pipoca e beberam refrigerante, mas Amanda começou a chorar porque também queria algodão doce. Eles não tinham mais dinheiro no momento, então disseram a ela: — *Se você não parar de chorar, nós vamos embora!*

Isso acalmou a pequenina, que estava se divertindo no parque, cheio de gente aproveitando o feriadão. O pregador apareceu na praça do bairro; viu Amanda e disse aos pais que ela era uma linda menina. Amanda ficou tímida e envergonhada, correu e se escondeu atrás da mãe. O pai a chamou, pegou ela no colo com carinho e lhe disse: — *O que foi, tá com vergonha do quê, sapequinha?*

Então o pregador, homem de Deus, aproveitou a oportunidade e lhes falou do amor de Deus, convidando-os a visitar sua igreja. Eles abriram seus corações e falaram de seus problemas ao pregador, que os escutava com atenção, ouvindo atentamente seus desabafos.

Os olhos de Mato Grosso começaram a lacrimejar ao relatar ao pregador como havia ficado paraplégico, e o pregador lhe disse:

— _Está escrito que para Deus tudo é possível. Acredita nisso?_

E leu este trecho da Palavra: _"Eis que a mão do Senhor não está encolhida, para que não possa salvar; nem surdo o seu ouvido, para que não possa ouvir [...] Pedi, e vos será dado; buscai, e achareis; batei, e a porta vos será aberta. Pois todo o que pede, recebe; quem busca, acha; e ao que bate, a porta será aberta."_ (Is 59:1) (Mt 7:7,8)

E continuou dizendo a Mato Grosso e a Ana:

— _Deus é maravilhoso, bom e fiel. Ele é a resposta para todas as nossas perguntas, e quer ajudar vocês. E não apenas ajudar, mas também salvar as suas almas e abençoar as suas vidas. Acreditem no que estou falando: o Senhor Jesus Cristo nos ama muito e quer o nosso bem, e não o nosso mal. Nunca se esqueçam de olhar para o Senhor._

Além dessas palavras, o pregador falou muitas outras, com o objetivo de ganhar suas almas para Jesus; e eles acreditaram na Palavra de Deus. A semente foi plantada pelo pregador, e eles a acolheram. Isso foi um bom começo, o primeiro passo para a salvação do casal. Mas eles não se converteram naquele dia; porém, acreditaram e deixaram a luz entrar, e a luz foi entrando aos poucos.

Naquele dia, tornaram-se amigos do pregador.

Do outro lado da cidade, Vânia chegou meio envergonhada ao seu local de trabalho, com o olho esquerdo roxo, tentando disfarçar.

Seus colegas, muito curiosos, acharam estranho e perguntaram:

— _O que houve com o seu olho, Vânia?_

Então, meio sem graça, ela respondeu:

— _Não houve nada, foi só um acidente._

Mas, na verdade, foi o namorado dela que lhe deu um soco no olho esquerdo durante uma discussão por ciúmes. Os dois estavam morando juntos; não eram casados, mas viviam como se fossem.

As brigas, porém, eram constantes, pois ele era um homem muito ciumento. E ela não ajudava muito, já que gostava de usar roupas sensuais apenas para provocar a libido de outros homens — isto é, para chamar a atenção masculina. Por isso, o casal vivia brigando.

Mas o que ele não sabia é que ela já o havia traído com outros homens, bem debaixo do seu nariz, inclusive com um de seus amigos. Acho que ele desconfiava, mas não queria acreditar que a mulher que amava era uma adúltera, que gostava de "pular a cerca" de vez em quando e entregar seu amor a outros homens carentes.

Quanta bondade da parte dela!

Vânia realmente mudou — e não para melhor, mas para pior.

Mesmo morando com o namorado, saía para beber com suas amigas e paquerar outros homens — o que pra mim é sacanagem.

Ela se aproveitava do emprego de segurança dele, que trabalhava um dia e folgava no outro, das seis da noite às seis da manhã.

Nos dias de folga, ela era uma boa companheira e lhe dava muito amor e carinho; mas nos dias de trabalho, às vezes, costumava sair e flertar com outros homens, junto com suas amigas jovens e solteiras.

Que beleza... isso é algo que não se faz, não é, Vânia?

Quando foi que ela se tornou tão irresponsável e libertina? Em que momento, num passado não muito distante, perdeu o coração e a decência, tornando-se uma mulher de caráter duvidoso e imoral?

Seu namorado, já desconfiado, armou uma cilada para pegá-la em flagrante. Trabalhou na sexta-feira, mas disse a ela que também iria trabalhar no sábado, para cobrir a folga de um colega que iria viajar. Ao ouvir isso, em sua imaginação e na maldade de seu coração, Vânia começou a planejar a noite, com direito a muita farra. No sábado, ele saiu fingindo que ia trabalhar, mas não foi: ficou de tocaia, esperando para ver o que aconteceria. Às oito da noite, ela saiu de casa toda arrumada para encontrar suas amigas.

Foram ao pagode, sentaram-se na mesma mesa de sempre e começaram a beber e se divertir. Mas o namorado de Vânia, que mais parecia um detetive, estava atento a cada movimento dela.

Ele viu o modo como ela e as amigas flertavam com outros caras, e isso partiu seu pobre coração ao meio — e sentiu a dor da traição.

De repente, ela se levantou e foi para outra parte do ambiente, mais ao fundo, conhecida como "cantinho da pegação", onde tudo acontecia. E ele a viu sair da mesa, já bêbada como um gambá.

Mas ele ficou esperando, achando que ela havia ido ao banheiro.

Como ela estava demorando a voltar, ele saiu do lugar onde estava escondido e entrou no pagode com sangue nos olhos, isto é, muito nervoso. Quando as amigas de Vânia o viram entrar furioso, se entreolharam e disseram: — _Ah não, agora babou de vez!_

Não demorou muito para o namorado pegá-la em flagrante nos braços de outro macho. A situação ficou feia, virou um grande barraco, e ela se sentiu envergonhada e humilhada, pois o namorado a ofendia com palavras de baixo calão que a feriam profundamente.

Depois de se atracar com o outro homem, ele foi embora, arrumou as malas dela e deixou tudo do lado de fora, na varanda.

Quando ela chegou com uma amiga, viu suas coisas do lado de fora, então disse à sua amiga, triste e com lágrimas nos olhos:

— _Posso ficar na sua casa hoje?_

A amiga, constrangida com aquela situação, respondeu:

— _Claro, pode ficar o tempo que você quiser._

Vânia entrou sem bater na porta e ainda tentou conversar com o namorado, mas ele já estava decidido e não queria mais conversa.

Então, ela pegou suas coisas e se foi para nunca mais voltar.

E assim foi o fim do seu namoro e da sua dignidade. Na mesma noite, a amiga de Vânia a ouviu chorando bem baixinho na sala.

Quando Vânia estava morando com Rita, conheceu esse homem e começaram a namorar. Ele morava sozinho, e ela estava procurando um lugar para viver. Então, ele a convidou para morar com ele, e ela aceitou sem pensar duas vezes. No começo, tudo foi um mar de rosas: ele realmente gostava dela, e ela também gostava dele. Mas, com o tempo, parece que Vânia foi se cansando daquela vida rotineira e sossegada ao lado dele, e sentiu vontade de buscar novas aventuras e emoções na vida noturna — com suas amigas.

E foi aí que a vaca foi pro brejo. Ela acabou voltando para a casa dos pais, mas ficou entediada e permaneceu pouco tempo com eles.

Decidiu se aventurar e ganhar o mundo, indo para bem longe.

Saiu do trabalho, juntou dinheiro e partiu — partindo também o coração dos seus pais, que sempre desejaram o melhor para ela.

Pois eles queriam que ela fosse uma mulher de família, mas pelo visto ela acabou tomando outro rumo. Mas o amor de seus pais lhes dava esperança, e a esperança é a luz no fim do túnel; os seus joelhos permaneciam no chão, pois eles também andavam com Jesus na estrada que vai para Sião. O amor crê em tudo e sofre calado, mas as suas orações a Deus não ficariam sem resultado. Mas triste mesmo é quando os nossos olhos não conseguem mais ver a luz no fim do túnel; porque enquanto houver vida, ainda haverá esperança.

Mas o que aconteceria em nossa vida se a nossa esperança morresse antes de nós? Será que poderíamos viver sem esperança?

Acho que ninguém pode viver sem esperança.

No entanto, há muitas almas que estão em um túnel tão escuro e profundo, que mal conseguem enxergar a luz no fim do túnel, que se chama esperança. De fato, muitas almas já perderam a esperança, e não conseguem mais ver a luz no fim do túnel — estas não vivem mais, apenas sobrevivem; vivem por viver e respiram por respirar.

Mas há algo que pode ressuscitar a esperança que já morreu, a trazendo de volta do mundo dos mortos, e esse algo se chama fé.

A fé é o alimento que mantém a nossa esperança viva; e a fé também é uma poção poderosa para trazer de volta a esperança que já havia morrido. Portanto, enquanto houver fé, sempre haverá uma luz no fim do túnel. Mas a verdadeira fé que mantém a esperança viva, é um dom de Deus; porém a fé também precisa ser alimentada, e o principal alimento necessário para o fortalecimento da fé, é a santa Palavra de Deus. Quanto mais eu me alimentar da Palavra de Deus, mais fé eu terei; e quanto mais fé eu tiver, mais perto de Deus eu estarei. E quanto mais perto de Deus eu tiver, mais luz eu terei.

Não terei apenas uma luz no fim do túnel, mas terei um túnel totalmente iluminado pela luz que vem do Pai das luzes.

Capítulo 12

Almas corrompidas.

São poucos os que permanecem na estrada que vai para Sião.

Muitos desistem na metade do caminho. Quando olham para trás e vislumbram a glória visível do mundo, seus olhos se enchem de cobiça. Então, eles pegam outra estrada, que parece ser uma estrada melhor, e assim se perdem. Pois todas as estradas que existem, fora a estrada que vai para Sião, levam ao mesmo lugar: ao abismo, às trevas, à danação do inferno e à perdição eterna.

Mas há muitos que se iludem, deixando a estrada que vai para Sião, desviando-se para outras estradas desconhecidas que parecem ser boas — mas que, na verdade, os levarão ao abismo em chamas.

O ano era 1988. O ambiente estava cheio, e havia uma multidão adorando uma deusa que estava em cima do palco, cantando músicas que tocavam os seus corações, levando-os a adorá-la em uma espécie de culto irracional — coisas de um mundo que jaz no Maligno. A Patrícia estava no meio daquela multidão, sonhando ser como aquela deusa, sonhando estar em cima daquele palco abominável, que mais parecia um altar pagão, com uma deusa de carne e osso se exaltando grandemente sobre seus adoradores.

Fascinada com a deusa, a cobiça enchia os olhos da Patrícia.

Nascida em berço evangélico e criada por pais religiosos, Patrícia, que cantava lindos louvores na igreja, agora sonhava com algo a mais, pois louvar a Deus já não era mais o bastante para ela.

Ela queria a glória do mundo, queria fama, queria os holofotes, queria ser uma cantora de sucesso, queria ser uma celebridade.

Mas nem sempre foi assim. No começo, quando era mais nova, ela se destacou na sua igreja por causa da sua bela voz — por sinal, uma igreja grande, com muitos membros — e ela estava contente e satisfeita servindo ao Senhor com sua voz. Mas, conforme ela foi crescendo, os seus sonhos também foram desabrochando, e ela pensou que poderia ser uma grande cantora evangélica, mas nunca conseguiu cantar em outro altar senão no altar da sua própria igreja, onde congregava. Porém, os muitos elogios que ela recebia dos irmãos da igreja, e também das outras pessoas de fora que a ouviam cantando, acabaram corrompendo o seu coração vaidoso.

E ela começou a cobiçar o sucesso e a glória do mundo das celebridades. Ou seja, ela se iludiu com o glamour do mundo e começou a achar o altar da igreja pequeno demais para o seu grande talento. Quando era criança, sua mãe a levava para participar de vários concursos musicais infantis — inclusive até em programas de televisão. (Acho que isso a deixou com a síndrome de estrelismo.)

Ela saiu da igreja e começou a cantar numa banda, fazendo pequenas apresentações em eventos festivos. Depois, conseguiu entrar em outra banda bem famosa, participando como backing vocal. E com isso, ela viajava bastante com a banda de sucesso.

Assim, ela passou a conhecer melhor o mundo do showbiz e, cada vez mais, estava focada em alcançar o sucesso e a fama.

Certo dia, em um show, o vocalista da banda — com quem ela já havia ficado algumas vezes depois dos shows, em festas regadas a álcool e drogas — deu a ela uma chance para cantar uma música solo, de sua própria autoria. Então ela cantou e encantou a plateia.

Coincidentemente, havia um caça-talentos lá naquele dia, que também a ouviu cantar e ficou encantado. Depois do show, ele se apresentou a ela, deu-lhe seu cartão e pediu que o procurasse, pois tinha uma proposta a lhe fazer. No outro dia, ela ligou para ele.

Ele, que era um grande empresário — inclusive já havia sido empresário de outras celebridades do showbiz — fez-lhe um convite para jantar, a fim de expor sua proposta. Então ela foi se encontrar com ele num desses restaurantes chiques de gente fresca — do tipo burguês, com vinho e lagosta. Durante o jantar, ele lhe passou todas as propostas e projetos que tinha para sua carreira de cantora solo.

E ela, de pronto, aceitou e assinou um contrato com ele.

A partir de então, começaram a trabalhar juntos. Ela saiu da banda em que trabalhava como backing vocal e se concentrou em sua carreira solo. Patrocinada pelo seu empresário, ela gravou um álbum, e cinco músicas do disco explodiram, atingindo as paradas de sucesso em todo o país. Foi uma ascensão meteórica, que nem ela mesma esperava — ficou bastante surpresa, pois não havia previsto que faria tamanho sucesso com seu primeiro disco lançado.

Suas músicas não paravam de tocar no rádio, sua imagem estava nas capas das revistas e nos programas de televisão. E ela estava gostando muito de ter se tornado uma celebridade tão rapidamente.

De fato, ela estava vivendo dentro do seu grande sonho e já não fazia mais parte da plateia, pois estava no palco, acima dos seus adoradores, como uma nova deusa, recebendo o louvor dos seus muitos e fiéis fãs. Seus pais se sentiam orgulhosos dela e não ligavam para o que a igreja dizia sobre sua filha — que ela havia se perdido e precisava voltar para Cristo — pois eram crentes liberais e pensavam que toda aquela fama e sucesso eram obra e bênçãos de Deus na vida da Patrícia. Mas isso porque eles não conheciam a estrada para Sião, isto é, a Palavra de Deus; eram apenas religiosos.

Pois Patrícia sempre lhes dizia veementemente:

— _Eu abandonei a igreja, mas não abandonei o Senhor Jesus!_

Será mesmo que ela estava sendo sincera?

Ou ela estava apenas se enganando? Sim, na verdade, ela abandonou o Senhor Jesus, mas não admitia tê-lo abandonado, porque, em sua mente deturpada, ela pensava consigo mesma:

— _Eu jamais poderia chegar aonde cheguei sem a ajuda de Deus. Porque o meu sucesso é uma bênção de Deus em minha vida._

Ela pensava que sua vitória e seu sucesso no mundo eram um sinal da aprovação de Deus — isso porque seu coração já estava corrompido. As trevas tomaram conta, a vontade da carne havia vencido; a partir do momento em que ela virou as costas para Deus deliberadamente, automaticamente seus joelhos se prostraram aos pés do Maligno. Ela estava ganhando o mundo, mas também estava perdendo a sua alma; trocou a vida eterna por prazeres passageiros.

O dinheiro começou a entrar juntamente com o sucesso.

Ela havia se tornado a _Madonna_ brasileira: flashes, glamour, entrevistas, paparazzi — ela estava na mira da mídia e na boca do povo, uma deusa como a Diana dos efésios. E tudo isso foi apenas com seu primeiro álbum, lançado em 1990. No segundo álbum, em 1991, o sucesso foi ainda maior — mas não duraria muito tempo.

Contudo, no auge da sua carreira, ela se sentia nas nuvens.

Com apenas dois álbuns, ela já tinha vários hits, seus shows eram sempre lotados e sua agenda estava sempre cheia. Dinheiro não faltava; no entanto, ela sentia muita necessidade de beber e de se drogar. Porque, embora tivesse realizado o seu grande sonho, ainda havia um enorme vazio e muita tristeza em seu coração; pois a fama tem as suas consequências — nem tudo era um mar de rosas em um sonho de verão. O mundo é mau e sabe muito bem como machucar.

Mas seu irmão Roberto estava só na maciota, mamando na teta da irmã famosa e rica, aproveitando a oportunidade dada pela sorte e pelo acaso. Ele era um jovem rebelde que também abandonou a igreja para viver nas baladas do mundo. Na verdade, nunca foi um cristão fiel — sempre foi uma alma mundana dentro da igreja, como seus pais sempre foram e ainda continuavam sendo — religiosos.

Mas a diferença era que seus pais continuavam frequentando a igreja apenas por religiosidade, pois eram convertidos à sua religião, e não ao Senhor Jesus, o Deus Bendito e Eterno. Eram ovelhas surdas e cegas, que tinham olhos, mas não viam, e tinham ouvidos, mas não ouviam. Estavam sempre na igreja — tão perto e, ao mesmo tempo, tão distantes de Deus — pois eram apenas religiosos.

Eram o típico cristão "Nutella", que acredita em Deus, mas também em discos voadores, em fadas, em duendes, em fantasmas, em bicho-papão, em sereias, em Saci Pererê — enfim, que acredita que o homem evoluiu do macaco e também na teoria do Big Bang.

Era o tipo de cristão que vive em cima do muro, que não enxerga o mal no Papai Noel, nem no coelho da Páscoa, nem no carnaval.

Seus pais acreditavam que todos os caminhos levavam a Deus.

Mas nem todos os caminhos levam a Deus — há apenas um Caminho que leva a Deus, e apenas uma estrada que chega a Sião.

O nível de ignorância dos pais de Patrícia era tão grande que eles diziam que todas as religiões levavam a Deus — todas mesmo, sem exceções. Por isso, não viam mal nenhum no sucesso de sua filha Patrícia como cantora secular; não viam nenhum erro em vê-la se tornando um ídolo. Pelo contrário, pensavam que sua fama no mundo era uma dádiva de Deus — e não a perdição da sua alma.

Pois eram cristãos mundanos, que só pensavam nas coisas desta vida. Às vezes, os nossos olhos veem apenas o que querem ver.

Não são poucas as almas corrompidas que se perderam por causa de suas próprias vontades egoístas e seguem a vida sem perceber que estão corrompidas. Colocaram uma venda nos olhos para não enxergar os próprios erros, enganando-se a si mesmas por pura vaidade, ganância, ambição e cobiça — corrompem-se por um prato de lentilhas. Almas que pagam qualquer preço para alcançar seus objetivos; almas que perdem a salvação, mas não abrem mão dos seus sonhos egoístas. Estão à beira do abismo, dançando e cantando, alegrando-se como se estivessem à beira da piscina de suas mansões.

Como o pregador estava falando à multidão:

— *O Senhor Jesus Cristo disse: "Pois que aproveitará o homem se ganhar o mundo inteiro e perder a sua alma?"* (Mt 16:26)

E continuou dizendo: — *Vem para Jesus, vem para a luz. Diga não ao mundo e ao pecado, diga não às suas vontades carnais; pois a sua vontade te levará à perdição. Mas, se você fizer a vontade de Deus e buscar a sua presença, amando o seu Criador, você será salvo.*

Consciências corrompidas, mentes deturpadas, corações enganados. Caíram na perspicácia do Maligno, venderam suas almas eternas. Aceitaram provar o mel que é doce na boca, mas se torna amargo no estômago — o mel que se transformará em fel, o ouro que se transformará em ferro, o diamante que se transformará em carvão, a carne suculenta que se transformará em podridão coberta de gusanos. Assim é a alma que se corrompe por cobiça: no final de tudo, terá uma grande decepção. Não é muito sensato trocar a estrada que vai para Sião pela estrada que leva ao abismo — mas não são poucos os loucos e insensatos que o fazem todos os dias.

Mas a expectativa da multidão que segue em frente na estrada que vai para Sião não será frustrada, pois todos os seguidores de Cristo que o seguem nessa estrada serão recompensados no final.

"Venho em breve e trago a recompensa..." (Ap 22:12)

Essa promessa é fiel e digna de todo crédito.

Não tenha dúvida de que a estrada para Sião é a melhor escolha.

Mas as almas que se corrompem e mudam de estrada não sabem o que estão perdendo — nem podem imaginar o mal que lhes espera no final da outra estrada, isto é, no desvio que os levará ao abismo.

"Ali haverá choro e ranger de dentes." (Mt 25:30)

Mas não há homem perfeito demais que não possa se corromper.

Há casos de crentes que se acham tão santos e perfeitos que já se corromperam, julgando-se melhores e mais justos do que os outros.

É o tipo de crente que gosta de julgar e condenar as almas ao inferno. Quando uma alma se corrompe, é porque já se rendeu aos seus desejos carnais; pois a corrupção do homem está na carne.

Porque a alma do homem está entre o seu espírito e a sua carne.

Quando o homem nasce de novo, nasce de Deus; seu espírito, que estava morto dentro do corpo, é vivificado pelo Espírito Santo.

Então, sua alma passa a conhecer a vontade de Deus por meio do espírito — isto é, do novo homem ressuscitado — que passa a ser morada do Espírito de Deus. Mas é a alma do homem que escolhe a quem quer seguir: a vontade do espírito (que é o novo homem interior, ressuscitado e criado para fazer a vontade de Deus, feito segundo a imagem de Cristo, que não pecou); ou a vontade da carne (que é o velho homem, inclinado para o mal, segundo a imagem de Adão, que pecou). A alma do homem é o que ele é — seu coração, sua identidade, sua mente, seu caráter, sua inteligência, seu entendimento, seu livre-arbítrio, seu ser, sua essência, sua virtude, sua memória, sua sabedoria, enfim. Figurativamente falando, a alma é o cérebro: é ela que toma todas as decisões do homem.

Certo pastor juntou todos os membros de sua congregação e os levou para morar no meio do nada, isolados do restante do mundo, porque pensava que, fazendo isso, estaria protegendo seu rebanho dos pecados do mundo. Mas eu digo que não adianta fugir do mundo, pois a corrupção está impregnada na carne do homem, e não há como fugir disso. O justo pode conviver no meio de muitos ímpios e, mesmo assim, permanecer justo; e um ímpio pode conviver no meio de muitos justos e, mesmo assim, permanecer ímpio. Pois a alma justa escolherá ser justa, e a alma ímpia escolherá ser ímpia.

Somos o que somos — não é o ambiente que nos fará justos.

O justo escolherá andar no espírito, na direção do Espírito; e o ímpio escolherá andar na carne, segundo a sua própria vontade.

Mesmo que o pastor estivesse com boas intenções, isolando a igreja para protegê-la do resto do mundo e do pecado, ainda assim, mesmo longe do mundo, muitos do povo iriam se corromper, inclinando-se aos desejos da carne. E o pastor seria o primeiro a se corromper, pois tal atitude revela que ele está na carne — agindo de modo excessivo. E tudo o que é excessivo é concupiscência da carne.

Porque a corrupção está na carne do homem, e não será um confinamento "santo" que mudará o caráter da alma ímpia.

O bem e o mal estão em nós, mas podemos escolher o nosso caminho, porque a escolha de cada alma é pessoal, e não coletiva.

A salvação é individual, e não coletiva.

Porque ninguém se torna justo só por viver no meio dos justos.

Na verdade, quando esse tipo de coisa acontece — quando o pastor se vê no direito de se tornar um superprotetor do rebanho — isso indica que ele está se corrompendo, pois, no íntimo, começa a pensar que é o salvador do povo. É a partir disso que surgem as seitas, porque tudo que é excessivo — até mesmo uma proteção bem-intencionada — é obra da carne e acaba corrompendo o coração do homem. No tocante à carne, até mesmo as boas intenções se tornam más, pois só Jesus pode ser o Salvador da igreja.

É aquilo que eu disse antes: muitos homens autocapacitados se tornam tão bons e eficientes como pastores que, sem querer, acabam se corrompendo — pensando que só através deles e do seu ensino a igreja poderá ser salva. E como existem líderes desse tipo nas igrejas.

Deus não precisa de super-homens, e sim de servos equilibrados.

Porque todas as almas que perdem o equilíbrio se corrompem.

A estrada que vai para Sião está diante de todos — do justo e do ímpio. Mas cabe a cada alma fazer a sua parte e a sua escolha.

Capítulo 13

Os dias são difíceis. Em terra de cegos, quem tem um olho vira rei; e na terra dos homens, o mais forte prevalece, e o mais fraco é esmagado. Mas, felizmente, a boa mão de Deus está estendida — o homem, porém, precisa buscá-la, para que Deus possa alcançá-lo.

Já houve homens de Deus cheios da sua unção e do seu poder; e ainda continua havendo homens que são instrumentos nas mãos do Altíssimo. Pois o Deus Criador está vivo, e se revela à sua criação.

Pela sua graça e pela sua misericórdia, Ele também se manifesta gloriosamente às almas de fé — que creem no seu grande poder.

Havia um homem de Deus, cheio da sua unção, da sua glória e do seu poder, que ensinava o caminho para Sião e era um poderoso instrumento nas mãos de Deus — pois, através dele, Deus operava grandes milagres. Ele era bem conhecido no meio cristão; as igrejas costumavam convidá-lo para pregar e ministrar em seus cultos.

Mas ele também pregava nas praças e nos estádios lotados.

Por onde ele passava, a mão de Deus o acompanhava, e os milagres aconteciam — para a glória de Deus, para a salvação dos que criam, para a edificação da igreja e para servir de testemunho ao mundo; isto é, para servir de sinal às almas incrédulas e perdidas.

O ano era 1993, e Tadeu estava pior do que nunca.

Ele estava indo bem, mas depois da notícia que recebeu do médico — após ter feito o exame que constatou que estava com o vírus do HIV — desanimou da vida e se afundou mais uma vez nas drogas. Mas desta vez foi bem pior, pois conheceu uma nova droga chamada crack, para sua própria ruína — e essa droga lhe tirou tudo e mais um pouco. Estava só pele e osso, atolado no fundo do poço.

Havia levado seu negócio à falência, também havia perdido seu emprego de redator — só não havia perdido a vida, por enquanto.

Porque, com esse vírus mortal e também consumindo o tal do crack, sua chance era mínima; a morte era só uma questão de tempo.

Mas ele já havia desistido da vida há muito tempo — desde o dia em que descobriu que estava com o vírus do HIV. Desde então, entregou-se de vez: entrou na viagem do crack para tentar fugir da realidade e nunca mais conseguiu voltar. Sua vida estava um caos.

Gastou todo o dinheiro que tinha, perdeu o emprego, torrou sua conta bancária, vendeu o carro e levou seu negócio à falência.

Sua irmã ficou revoltada com ele, pois ele vendeu tudo de valor que tinha para manter o vício — só não havia vendido a casa; o resto, vendeu tudo. Fez todos os seus bens virarem fumaça. Andava como um mendigo: mal tomava banho, mal se alimentava, só pensava em como conseguir dinheiro para fumar crack. Quando o dinheiro acabou, quando não havia mais nada de valor para vender, quando sua poupança secou — e ele faliu de vez — começou a pedir esmola na rua e a catar reciclagem para alimentar o seu maldito vício, que o consumia cada vez mais, levando-o à miséria total.

Dentro de sua casa vazia, bagunçada e imunda, ele colocava a cinza do cigarro no cachimbo, junto com um pequeno pedaço da droga, acendia o isqueiro e fumava — sentia uma sensação de euforia que durava poucos minutos, e nada mais. O efeito da droga passava rápido, não durava o tempo que ele gostaria — infelizmente para ele. E, quando a droga acabava, ele se levantava para encontrar uma forma de conseguir dinheiro para fumar mais crack. Era desse modo dia e noite — assim ele vivia preso, como um escravo do vício.

De fato, a pedra de crack estava acabando com ele, drenando o que restava da sua vida. Mas um milagre estava prestes a acontecer.

Em outra parte da cidade populosa, Mato Grosso estava em casa, com sua fiel e dedicada esposa e sua linda filha na sala de estar.

De repente, alguém tocou a campainha. Ana saiu para ver quem estava no portão: era o pregador, que havia se tornado amigo do casal e, mais uma vez, veio lhes fazer um convite. Eles o receberam e o convidaram para almoçar, mas ele disse que não queria incomodar e que já estava de saída. Veio apenas convidá-los para o culto que haveria em sua igreja — segundo ele, esse seria um culto especial.

Mas esse não havia sido seu primeiro convite: ele já os havia convidado muitas outras vezes, pois costumava visitá-los para lhes ensinar a Palavra — e nunca desistiu do casal, porque Deus não o deixou desistir. O Senhor continuava enviando o pregador ao casal, pois sabia que, mais cedo ou mais tarde, eles iriam se render a Ele.

E, desta vez, o casal se rendeu e aceitou ir ao culto na igreja, o que deixou o pregador muito feliz. O homem de Deus havia sido convidado para ministrar na igreja do pregador, e por isso ele achou que seria uma boa oportunidade para Mato Grosso ser tocado por Deus e receber um milagre. Pois o Senhor operava maravilhas por meio do homem de Deus, que o servia em verdade, humildade, integridade, reverência, pureza, perseverança, constância, fidelidade, sinceridade, piedade, fé, amor, esperança, justiça e retidão. Ele andava no temor de Cristo e dava bons frutos para a glória de Deus.

No dia do culto a Deus, lá estavam Mato Grosso e Ana, sentados entre o rebanho do Senhor, e a igreja estava lotada. Mirela e Cauê também estavam lá, mas o filhinho deles, Samuel, havia ficado com a babá — a prima de Mirela. Por aqueles lados da cidade, Tadeu — que estava catando reciclagem — viu o movimento na igreja e se aproximou para ver o que estava acontecendo. Pediu dinheiro a alguns irmãos para se alimentar, e um deles disse que o ajudaria depois do culto, mas, primeiro, ele precisava assistir ao culto. Então Tadeu entrou na igreja e se sentou bem no fundo, na última fileira, com a intenção, é claro, de receber o dinheiro — na verdade, não para se alimentar, mas para fumar pedra, pois deixava de comer para se drogar. Um verdadeiro escravo do vício, lamentavelmente.

O culto começou com lindos louvores ao Deus da Glória.

Depois, o homem de Deus subiu ao púlpito e começou a anunciar a santa Palavra. E a Palavra de Deus começou a tocar os corações dos ouvintes. Ele orou, e a mão de Deus começou a operar — os milagres começaram a surgir, pois o poder do Espírito Santo estava com o seu servo. Mato Grosso foi tocado pelo poder de Deus e, de súbito, deu um salto da cadeira de rodas, glorificando ao Senhor e deixando sua esposa Ana perplexa. Ouvindo a Palavra e vendo os milagres, Tadeu também foi tocado e aceitou Jesus naquela noite.

Com os joelhos no chão, ele chorava e dizia que não aguentava mais viver daquele modo, preso pelo crack. Mas o que ele não sabia, e só descobriria depois — era que Jesus também o havia curado da Aids. A Luz iluminou Tadeu, e ele não pôde deixar de ver essa Luz.

A glória de Deus se manifestou naquela noite abençoada, e a salvação do Senhor alcançou muitas almas sofridas e desiludidas, como Mato Grosso e Tadeu, que receberam um grande milagre em suas vidas. Antes de se despedir da igreja, o homem de Deus leu esta passagem: *"Grandes e admiráveis são as tuas obras, ó Senhor Deus Todo-Poderoso; justos e verdadeiros são os teus caminhos, ó Rei dos séculos. Quem não te temerá, Senhor, e não glorificará o teu nome? Pois só tu és santo; por isso todas as nações virão e se prostrarão diante de ti, porque os teus juízos são manifestos."* (Ap 15:3,4)

Ele abençoou o povo com a graça que Deus o havia dado para abençoar, e o povo foi embora cheio da alegria e do amor de Deus.

A Mirela e o Cauê ficaram maravilhados ao verem Mato Grosso saindo da igreja andando e dando glória a Deus, com a cadeira de rodas erguida acima dos seus ombros, e chegaram até ele para felicitá-lo pelo grande milagre. Ficaram conversando por um bom tempo, e aconteceu que fizeram amizade — e com o passar do tempo se tornaram bons amigos; amigos para a vida inteira, amigos verdadeiros. O homem que disse que ajudaria Tadeu no final do culto, vendo que ele havia aceitado Jesus e vendo também a sua necessidade, o ajudou com uma boa quantia — fazendo assim a vontade do Senhor; lhe deu um abraço e o despediu, dizendo:

— *Fica firme no Senhor, irmão, pois Deus te honrará.*

Então Tadeu foi embora se sentindo leve, como se uma tonelada tivesse sido tirada dos seus ombros; e só percebeu que havia esquecido o carrinho de reciclagem quando chegou em sua casa, mas nem ligou pra isso. Ele estava com dinheiro, mas não pensou em usar drogas naquela noite de paz — tomou um banho e dormiu, algo que não fazia havia muito tempo. Quando despertou pela manhã, dobrou os joelhos, orou e agradeceu a Deus por todo o bem que Ele lhe havia feito — e começou a perseverar em seguir ao Senhor, dizendo "não" às tentações e não deixando de ir à igreja.

Depois de um tempo, movido pelo Espírito, sentiu a necessidade de fazer outro teste de HIV. Então, como na primeira vez — quando o resultado foi positivo — fez mais dois testes para tirar a dúvida.

Mas, desta vez, os dois testes deram negativo — realmente, o Senhor o havia curado da Aids. Isso o fortaleceu ainda mais no Senhor e encheu seu coração de esperança, fé, força e alegria.

O Diabo não podia competir com isso, nem tampouco o crack podia se opor aos milagres que Deus havia realizado em sua vida, antes destruída pelas malditas drogas. Porque Deus não o curou apenas do vírus do HIV, mas também o libertou do vício do crack — dois verdadeiros milagres. O Diabo e o crack haviam sido vencidos pelo grande amor de Cristo — o inferno estava furioso.

Tadeu também aprendeu que sua antiga religião espírita era uma abominação para Deus, pois o único espírito que o homem deve invocar é o Espírito de Deus — tudo o que passa disso é diabólico.

A única coisa boa que ele trouxe do espiritismo foi ter aprendido a ser caridoso; mas isso também faz parte do ensino cristão, e é uma obrigação do cristão. Pois a piedade está em ajudar o necessitado e amar ao próximo como a si mesmo. Sim, ele aprendeu que andar com Cristo é ser um homem fiel, piedoso e justo, vivendo pela fé, caminhando no amor, na esperança e na santidade — em oração, em jejum, com constância e retidão, sujeitando-se a Deus e resistindo às tentações do Tentador. Essa é a estrada que leva ao monte Sião.

Ele aprendeu a amar o Senhor Jesus, e sua vida foi restaurada.

Também se tornou um grande amigo do pregador, que o sustentou com firmeza no início de sua conversão e não o deixou desistir do Caminho, enfrentando com ele a fúria do inimigo, que não estava aceitando perder mais uma alma — mas, mesmo não querendo, acabou perdendo. E assim, mais uma vez, Jesus o venceu.

Pois as ovelhas do aprisco de Deus, que estão dispersas e perdidas pelo mundo, pertencem ao Pastor — e ao Pastor elas voltarão.

Porque Deus é poderoso para achá-las e salvá-las.

Na casa de Mato Grosso reinava pura alegria — não apenas por ter voltado a andar, mas porque Jesus enchia seu coração de júbilo.

Junto de sua esposa Ana, que também estava feliz na presença do Senhor Jesus, ele orava de mãos dadas com ela, agradecendo e louvando a Deus por suas bênçãos, por sua bondade e fidelidade.

Eles também eram amigos do pregador e, por meio dele, tornaram-se amigos de Tadeu. Todos eram irmãos em Cristo, pois tinham o mesmo Pai. A vida, por si só, já é um grande milagre.

Os milagres estão por toda parte, assim como Deus está em toda parte — tão palpável quanto o visível. É um milagre quando alguém consegue escapar da Babilônia por seus portões de ferro maciço, saindo e seguindo o Senhor Jesus pela estrada que leva a Sião.

Mas esse tipo de milagre acontece todos os dias, felizmente.

Graças a Deus por isso. Esta é a verdade: a verdade é que só existe uma verdade — não duas, nem três, nem quatro, mas apenas uma verdade. E essa única verdade se chama Jesus Cristo, o Deus bendito. Toda alma que o encontra, encontra também o milagre.

Pois são ressuscitados da morte para a vida — e vida eterna.

Quanto ao homem de Deus, continuava sendo usado pelo Senhor Jesus, operando grandes milagres e maravilhas pela mão do Espírito Santo do Senhor — para a glória de Deus, para a edificação da igreja e para a salvação dos que estavam perdidos e precisavam ser salvos. Como o próprio Senhor Jesus prometeu: *"Em verdade, em verdade vos digo: Aquele que crê em mim também fará as obras que eu faço, e as fará maiores, pois estou indo para o Pai."* (Jo 14:12)

Ele continuava sendo um instrumento usado por Deus, pois era um homem íntegro e fiel, e não havia trocado a unção pelo cifrão.

Capítulo 14

Vigiai e orai, para não entrardes em tentação.

Assim o Mestre ensinou; assim o homem conseguirá permanecer na estrada que vai para Sião: vigiando e orando, atento na entrada, barrando a tentação na porta antes que ela entre, com sua sedução e com seu vestido justo e atraente, com sua pele sedosa e macia, com seus belos olhos e seus cabelos cheirosos, com seus fartos seios e com suas pernas depiladas, com seu largo quadril, seu glúteo e suas coxas suculentas. A tentação é como uma mulher devassa e bem sensual.

Depois que ela entra, fica difícil resistir a ela. Por isso, ela precisa ser barrada na porta, para não entrar e bagunçar o coreto, lançando o seu feitiço e a sua sedução, aproveitando-se da nossa cobiça e, principalmente, da nossa maior fraqueza — nossos desejos carnais.

O namorado da Rita não resistiu à tentação. De tanto a sua vizinha dar mole, ele acabou traindo a Rita com a vizinha do lado, que era uma mulher imoral, atraente e sensual, casada e adúltera.

Ele amava a Rita, mas não resistiu à tentação e acabou traindo sua mulher fiel e dedicada. Eles já estavam morando juntos há um bom tempo, no mesmo e velho apartamento onde a Vânia morava.

Não eram casados, mas viviam como se fossem.

A Rita havia amaciado um pouco no começo do namoro com o Alex, mas, com o passar do tempo, foi retomando seus velhos costumes, e isso sufocava o Alex e acabava dando em briga. E, com a cabeça quente e a vizinha fervente e atraente dando mole, não podia dar em outro resultado, pois a fraqueza do homem é a mulher.

A Serpente viu isso no jardim do Éden; por isso, não quis tentar Adão diretamente, mas tentou Eva, e, através da mulher, fez o homem pecar. A Rita tinha seus defeitos, mas também tinha suas qualidades. Ela era uma mulher fiel e dedicada ao Alex, mas tinha o problema de querer controlá-lo demais — um antigo hábito nocivo e desgastante. Era possessiva e controladora: queria saber o porquê de tudo em sua vida, queria controlar sua entrada e sua saída, queria escalar suas amizades, queria controlar seu dinheiro, queria controlar seu cardápio, queria saber por que ele chegou do trabalho dez minutos mais tarde, queria saber onde ele estava e para onde ia.

Enfim, tudo isso o deixou com saudade da liberdade.

E ela ficava furiosa quando o telefone do seu trabalho dava ocupado, ou quando ele não podia atender, ou quando ele não ligava para ela no horário combinado. Mas ela não fazia isso por mal; fazia isso porque o amava e porque também era uma mulher insegura. Mas, se ela quiser manter a sua relação com ele, vai precisar mudar — e muito. Vai precisar reciclar o seu modo de agir.

Do contrário, ele não vai aguentar por muito tempo e vai acabar indo embora, como a Vânia foi. E, mais uma vez, ela ficará solitária.

Mas é claro que ela não queria que isso acontecesse.

Por isso, ela o convenceu a ir a um terapeuta de casais.

Mas quem também estava precisando passar por uma terapia era a Vânia, ex-amiga da Rita, pois estava desvairada pelo mundo.

Ela também não resistiu à tentação e se entregou a uma vida de prostituição. Ganhando dinheiro fazendo aquilo que mais gostava, Vânia conquistava cada vez mais clientes na casa da luz vermelha.

Virou uma prostituta — e uma prostituta com muito orgulho — pois não se envergonhava de ter se tornado o que se tornou. Às vezes era tratada como uma dama; às vezes, como uma cadela no cio. Sempre bebendo, sempre fumando e, agora também, sempre se drogando — coisa que, antigamente, ela detestava e criticava. Mas, para quem entra de cabeça nessa vida, esse é o remédio que alivia.

Ela estava morando em uma cidade do estado de Goiás, mas pensava em ir para Brasília tentar a sorte como acompanhante de políticos, transformando-se em uma prostituta de luxo. Isso era o que ela queria, mas ela era só bonitinha — não era uma mulher de parar o trânsito. E, para se tornar uma dama de luxo, é preciso ter os suportes necessários: uma beleza acima da média e um corpo escultural — mas isso ela não tinha. Contudo, ganhava um bom dinheiro no bordel onde trabalhava — bem mais do que no antigo emprego, que ela abandonou para viver na vadiagem. Porém, no seu antigo emprego, ela tinha dignidade — coisa que agora não tem.

Mas quem disse que ela ligava para essas coisas?

Ela não estava nem aí com a sociedade hipócrita e conservadora.

Só queria prazer, diversão e dinheiro fácil no bolso.

O que os outros pensavam a seu respeito era irrelevante.

Será que foi a Rita que mudou e virou a sua cabeça?

Ou ela sempre foi uma mulher pervertida enrustida, que ocultava dentro do seu coração a sua verdadeira natureza depravada?

Porque, como alguém pode mudar assim, tão radicalmente?

Acho que ela sempre foi um barril de pólvora prestes a explodir.

Há pessoas que, por fora, se mostram uma coisa, mas ocultam dentro de si sua verdadeira essência. Mas tudo que está escondido acaba se revelando — e foi exatamente isso que aconteceu com a Vânia. Ela parou de tentar controlar suas vontades ocultas e acabou libertando o mal que estava adormecido dentro dela — e agora não estava mais conseguindo controlá-lo. Porque, na verdade, todos nós temos um mal dentro de nós — uns maiores, outros menores — mas cabe a cada um controlar e negar esse mal oculto, para que ele, que habita nosso corpo carnal, não venha nos dominar e nos controlar.

Essa é a maldição que todo homem carrega na carne.

A Vânia não era uma menina má, mas, de alguma forma, o mal que estava dentro dela despertou do sono. E, ao invés de tentar controlá-lo e negá-lo, ela o recebeu de coração aberto e se entregou aos seus braços, cedendo aos seus desejos mais devassos e obscuros.

Ela precisava retomar o controle da sua vida e voltar à serenidade e à sobriedade, pois sempre há tempo para voltar atrás, se consertar e retomar as rédeas da vida — enquanto houver fôlego nos pulmões.

Outro que não resistiu à tentação foi o Roberto, irmão da famosa Patrícia. Ele ficou tentado a aceitar a proposta de um amigo que estava ganhando muito dinheiro fazendo roubos de carros no Brasil para vendê-los no Paraguai. A pegada era simples: ele roubava o carro no Brasil e o levava para vender no Paraguai, onde já tinha o contato do comprador do outro lado da fronteira. O pagamento era bom, e o serviço — apesar de ilegal e um pouco perigoso — era fácil.

Quer dizer, não tão fácil assim. Mas o fato é que isso fez Roberto cair em tentação: ele aceitou a proposta tentadora do amigo e concordou em participar do roubo como seu parceiro de crime.

Seu amigo ficou contente e disse com entusiasmo ao Roberto:

— _Isso mesmo, vamos lá, parceiro. Eu vou te mostrar como estou ganhando dinheiro fácil fazendo isso. Você vai comigo só para aprender o esquema. Depois, se quiser, pode trabalhar por conta própria e ser o seu próprio patrão. Só estou querendo te ajudar a ficar bem na vida, como eu estou. Isso porque você é meu amigo. Até quando você vai continuar mamando na teta da tua irmã famosa?_

Então Roberto, que nasceu em berço cristão, aceitou o convite do diabo e foi com seu amigo para a vida do crime, tentar ganhar dinheiro fácil. No primeiro roubo, ele só foi para aprender — para saber como funcionava o esquema, quem eram os compradores do Paraguai e como seu amigo fazia para roubar os tais carros.

Seu amigo abria a porta do carro com uma chave micha especial.

Depois, com outra chave micha, forçava e girava a ignição, dando a partida no carro e acelerando. Quando atravessava a fronteira entre o Brasil e o Paraguai, fazia uma ligação telefônica para o comprador, que vinha buscar o carro já trazendo o dinheiro.

Ele tinha uns quatro contatos de compradores fiéis. Quando um comprador não estava interessado na compra, ele ligava para outro.

E assim, seu negócio estava indo de vento em popa — por enquanto. No entanto, ao perceber que o negócio era lucrativo e não muito perigoso, Roberto começou a acompanhar seu amigo em suas atividades e logo aprendeu o ofício. Passou a trabalhar sozinho e estava indo bem, ganhando um bom dinheiro; porém, gastava toda a renda ilegal com mulheres, festas, bebidas e muitas drogas.

Com muito dinheiro no bolso, ele se achava o Bam Bam Bam das baladas — e, de fato, quem tem dinheiro é mesmo o Bam Bam Bam.

Não se preocupava com nada, pois assim pensava: — _Quando o dinheiro acabar, é só roubar outro carro e o problema estará resolvido. As ruas da cidade estão cheias de carros dando bobeira._

Ele estava mesmo confiando em seu negócio ilegal, estava mesmo pensando em fazer carreira no crime, em sua nova profissão: perigo.

Mas sua confiança em seu negócio ilegal não poderia livrá-lo das consequências dos seus atos criminosos, não — e um dia a casa caiu.

Ele estava em serviço — isto é, na correria — levando mais um carro para o Paraguai, quando se deparou com uma blitz policial.

Apavorado, acelerou o carro para tentar fugir da polícia. Então começou a perseguição, que só terminou quando ele perdeu o controle e bateu em um poste de luz. Mas não ficou muito ferido — escapou do acidente ileso, com apenas algumas escoriações.

No entanto, não escapou da lei: foi preso em flagrante por furto de veículo. Na delegacia, sob pressão policial, acabou confessando tudo — e mais um pouco. Admitiu que já havia furtado outros carros. Com isso, diversas ocorrências de veículos roubados foram atribuídas a ele, o que agravou bastante sua situação. Mas, apesar disso, ele era réu primário, pois não possuía antecedentes criminais.

Por essa razão, sua pena não foi tão severa. Ainda assim, prisão é prisão, e cadeia é cadeia — seriam anos difíceis atrás das grades.

Ele colheu o que plantou. Agora, veria o sol nascer quadrado.

E já chegou apavorado à sua nova casa, ouvindo a gritaria e a zombaria dos outros presidiários, que gritavam uns para os outros:

— *Tá chegando carne nova, rapaziada!*

No primeiro dia, encostou-se em um canto da cela e ali permaneceu, calado e com medo dos outros presos — homens perigosos, criminosos de verdade. Alguns, percebendo que ele era réu primário e estava apavorado, começaram a oprimi-lo: uns o obrigavam a lavar suas cuecas; outros o forçaram a manter relações sexuais. Assim, tornou-se alvo de abusos e passou a ser tratado como a "mulherzinha" da cela — uma condição humilhante e deplorável. De fato, ele passou por maus bocados na penitenciária.

Sofreu muito e comeu o pão que o diabo amassou. Algum tempo depois, foi evangelizado por um pastor que costumava visitar os presos. O pastor lhe falou do amor de Cristo — e, pela primeira vez, Roberto estava dando ouvidos à Palavra de Deus. Baixou a cabeça e começou a chorar enquanto o pastor falava, pois estava tomado pela tristeza, sofrendo muito — arrependido pelo que havia feito.

Ao perceber seu sofrimento nas mãos dos outros detentos, o pastor sugeriu que ele pedisse transferência para a ala evangélica.

E foi o que ele fez: aceitou o Senhor Jesus e pediu transferência, indo para a ala evangélica — onde não sofria mais opressões dos outros presos. Foi na prisão que ele conheceu verdadeiramente o Senhor Jesus Cristo e, atrás das grades, deu este testemunho:

— *Fui criado dentro de uma igreja. Ouvia falar do Senhor Jesus, mas continuava rebelde, mesmo sendo advertido por Deus. Eu nunca teria sido preso se tivesse dado ouvidos à Palavra de Deus enquanto estava livre. Foi preciso ser preso para me render a Deus e aceitar Jesus como meu Salvador. Mas agora, agradeço ao Senhor por tê-lo encontrado aqui, dentro da cadeia, em meio a tanta dor e sofrimento. Graças a Deus, pois Ele não me rejeitou. Glória a Deus!*

Há mal que vem para o bem, e há bem que vem para o mal.

Porque a vida do homem é assim: sempre em constante mudança.

Como era o caso dos dois irmãos, Patrícia e Roberto.

Aparentemente, Patrícia estava indo muito bem em sua vida de celebridade, prosperando e desfrutando dos prazeres mundanos — ao contrário de Roberto, que conheceu a dor e o sofrimento na prisão. O mal caiu sobre a vida de Roberto, mas esse mal se transformou em salvação para ele. Todavia, ele precisará resistir às tentações do mundo. Já o bem que veio sobre a vida de Patrícia estava a levando à perdição. Ainda assim, havia esperança de que ela voltasse para o Senhor — mas, para isso, teria de abandonar o mundo. Há bênção que se transforma em maldição, e há maldição que se transforma em bênção. Mas a parte do homem é resistir à tentação. Pois a estrada que leva a Sião está repleta de tentações, e ainda há o peso da cruz que devemos carregar. Mas aquele que perseverar até o fim certamente chegará aos portões celestiais.

"Por amor de Sião não me calarei, e por amor de Jerusalém não descansarei, até que a sua justiça resplandeça como o nascer do sol, e a sua salvação, como uma tocha acesa." (Is 62:1)

Quem será o valente que perseverará na estrada que leva a Sião?

Quem será a alma de fé que viverá para sempre?

Senão aquelas que vencerem as tentações.

Capítulo 15

Mazelas do pó.

Corrupção e violência, injustiça e impiedade tomam conta da cidade sem muros — da cidade populosa, sem empatia e sem piedade — porque cada um busca somente o que é seu, devido às muitas aflições que pesam sobre suas vidas atormentadas pelas mazelas do pó. Os corpos cansados e doentes sofrem com as dores das mazelas do pó. Não há perdão nem esperança no inferno, e, na terra dos viventes, o pó é pisado; debaixo do sol, a humanidade está atolada na lama até o pescoço. A esperança do pó se esvai e se vai.

Como já dizia a famosa canção de Odair José: "Felicidade não existe; o que existe na vida são momentos felizes..."

Assim era a vida do velho mendigo, que se alegrava com uma garrafa de pinga na mão. O álcool distraía sua mente da verdadeira realidade, por isso ele cantava músicas do Amado Batista como se fosse um homem feliz. Mas o efeito do álcool não duraria para sempre — para sua tristeza, o efeito era passageiro, e os momentos felizes de embriaguez logo iriam passar. Mais tarde, quando despertar da ilusão da embriaguez, se lembrará de que não tem família nem casa para morar. Despertará e verá a sua triste miséria, e voltará a sentir tristeza e dores pela fome que virá acompanhada de uma amarga ressaca causada pelo consumo excessivo de cachaça.

Assim também vivia Vânia. Quando estava embriagada e drogada, sentia-se anestesiada das dores da vida. Mas havia dias em que, pela manhã, a dor e a tristeza não a deixavam levantar da cama. Mas como precisava trabalhar e ganhar dinheiro para continuar respirando, ela se levantava para seguir tentando esquecer suas dores amargas, que a afligiam constantemente — todos os dias, nos momentos de sobriedade. Realmente, as mazelas do pó atingem toda a sociedade — não há como escapar, pois o pó é deplorável.

Contudo, o pó é orgulhoso e vaidoso, e não admite sua grande miséria. Uma madame bem-vestida andava de salto alto, com o nariz empinado. Achava-se melhor do que os outros, pensava que era mais limpa do que os pobres, só porque era rica e fazia parte da alta classe da sociedade. Mas ela não se lembrava de que, em seu ventre esnobe, carregava fezes tão fedidas quanto as fezes do pobre.

No entanto, em sua mente iludida, ela acreditava que até seus excrementos eram melhores do que os do pobre. Uma mulher cheia de arrogância e cheia de ilusão, cheia de altivez e cheia de vaidade.

Mas o que ela tinha de dinheiro, ela não tinha de saúde, e também sofria como os pobres sofrem; mesmo assim continuava na soberba. Ela era apenas pó, mas parecia não se lembrar disso.

Quanto custa um quilo de pó?

Será que custa tanto quanto o quilo do ouro?

Na verdade, o quilo da sucata tem mais valor do que o pó.

Mas o pó se entrega à fantasia e pensa que é como os elfos, achando que viverá eternamente como pó, e se esquece que é fraco como um galho verde, que com o passar do tempo se tornará seco e se quebrará facilmente quando vier o vento da tempestade.

Pois a grande ilusão do pó, de fato, é a sua maior mazela.

O doutor, que pensava haver vencido na vida, acabou sendo vencido pelo infortúnio, pois trabalhou muito para dar a seus filhos a melhor educação, e um deles em breve se formaria na melhor faculdade — em breve se tornaria um doutor, como seu velho pai sonhara. Mas um imprevisto aconteceu: enquanto viajava de avião com a namorada para visitar os pais no fim de semana, sofreu um acidente — o avião em que ele estava caiu e matou todos a bordo.

O futuro promissor do jovem médico morreu com ele, e o sonho do pai, que tanto trabalhou para garantir um bom futuro ao filho primogênito, também morreu no acidente — e, como pó, logo o pai também morrerá. (Se as coisas são assim, pra mim, sonhar é inútil.)

Tudo parecia ir perfeitamente bem, mas de repente o paraíso se transformou em inferno, e tudo terminou mal, inexplicavelmente; são as mazelas do pó, nem o homem mais poderoso pode evitá-las.

Rita e Alex também estavam passando pelas mazelas do pó. Eles estavam fazendo terapia de casal, mas não estava dando muito certo, porque ela não estava conseguindo mudar, e ele já não estava mais conseguindo aguentar. A situação estava difícil para ambos.

Só mesmo um milagre poderia salvar a união do casal, que estava quase desmoronando — o romance parecia haver perdido o sabor.

Eles precisavam resolver depressa seus problemas conjugais.

Caso não conseguissem resolver, a separação seria inevitável.

Mas Rita queria mesmo permanecer para sempre ao lado de Alex; Alex, porém, não estava tão animado quanto ela. Na verdade, ele já estava cansado de lutar contra aquela situação desgastante.

Até mesmo o homem de Deus — que servia ao Senhor com um coração íntegro e sincero, e que não fazia mal a ninguém, senão o bem, pois era um instrumento nas mãos de Deus para abençoar e salvar as pessoas — até ele sofria acusações e perseguições. Isso por causa da inveja de alguns homens e da fúria do Diabo, que não queria, de modo algum, que o nome de Deus fosse glorificado. Ele também era caluniado, difamado e perseguido — apenas por falar a verdade e se deixar ser usado como uma ferramenta por seu Deus.

Muitos não conseguiam compreender a obra de Deus em sua vida; por isso o criticavam, chamando-o de charlatão, mentiroso e falso profeta — pois não criam verdadeiramente no poder de Deus.

Mas o mundo é isso. O mundo é mesmo assim: são as mazelas do pó — são as dores da vida — são os efeitos colaterais do pecado.

O próprio Senhor da glória sofreu as mazelas do pó.

Isso porque tomou sobre si os pecados dos homens.

Um homem de bem se casou com uma mulher imoral e infiel.

Ele não sabia que ela era esse tipo de mulher, pois seu rosto inocente escondia a maldade do seu coração. Então ele entregou seu coração nas mãos dela, comprometeu-se a amá-la e respeitá-la — e cuidou dela como um pai cuida de uma filha, trabalhando duro para que nada lhe faltasse. Mas ele nem imaginava que ela estava pagando o bem com o mal. Enquanto ele trabalhava pensando nela, ela mantinha relações com outros homens em sua própria cama.

Mas, como tudo que está escondido acaba sendo revelado, ele acabou descobrindo as traições da esposa e ficou sem chão quando seu mundo desabou. E o seu coração, que ele havia entregue em suas mãos, foi pisado por ela e por seus amantes, deixando-o em pedaços. A cola Super Bonder pode colar muitas coisas, mas não é capaz de colar um coração partido — isso, só o tempo pode curar.

São as mazelas do pó — as dores do corpo, da alma e do espírito. Ninguém está imune ao sofrimento e às dores que o pó nos traz.

Cauê, que se converteu e aceitou Jesus em sua vida como seu Senhor e Salvador, também não estava imune às mazelas do pó.

Desde o dia em que se converteu, passou a sofrer *bullying* em seu local de trabalho — tornou-se objeto de chacota e zombaria por parte dos próprios colegas, que não conseguiam compreender sua fé. Não compreendiam porque ele nunca pensou em trair a esposa, porque havia parado de beber, porque não queria mais permanecer na roda dos fofoqueiros e escarnecedores. Mas, por amor a Cristo, ele seguia firme na estrada que leva a Sião — e orava por todos eles.

Sua esposa também foi ridicularizada pelas antigas amigas.

Agora, Mirela sofria perseguições em seu trabalho, pois era uma mulher bonita e constantemente se sentia assediada por outros homens. Suas colegas também falavam mal dela pelas costas, por pura inveja. Gostavam de prejudicá-la e, para ofendê-la, chamavam ela de "santinha do pau oco", machucando-a por pura maldade.

Mirela, porém, não deixava de orar por elas.

A filhinha do Mato Grosso e da Ana também sofria de uma doença crônica — uma alergia mortal a certos tipos de alimentos que, se ingeridos, poderiam ser fatais. Muitas vezes, a pequena Amanda foi parar no hospital em estado grave, deixando seus pais desesperados, com medo de perder sua doce e meiga filhinha.

O pregador também enfrentava tribulações e perseguições. Ele não era pai, mas era casado com uma mulher bipolar, que precisava viver à base de medicamentos controlados, tarja preta. Mas nem sempre foi assim — nem sempre ele teve que lidar com o peso do transtorno. No começo, ela era uma mulher estável, mas, com o passar do tempo, começou a apresentar mudanças de humor, até ser diagnosticada com transtorno bipolar — o que tornou a vida do pregador um pouco mais difícil. Ela já havia tido ataques de pânico, explosões de agressividade, episódios depressivos, momentos de desorientação, amnésia e até internações em clínicas psiquiátricas.

Mas agora ela estava melhor. Graças a Deus.

O médico acertou na medicação, e ela havia melhorado muito, embora ainda precisasse viver sob cuidados e acompanhamento psiquiátrico. Até mesmo os servos de Deus sentem na pele as mazelas do pó, isto é, as dores e as dificuldades da vida terrena.

Em uma clínica de recuperação de viciados, estava Tadeu, contando seu testemunho de como venceu as drogas, transmitindo a santa Palavra de Deus e tentando ajudar os jovens que também precisavam de cura para seus vícios. Assim como foi curado, ele os ensinava: — *Só há um remédio que pode te curar do vício das drogas, só há um remédio que pode verdadeiramente te curar; mas esse remédio você não encontrará em nenhuma farmácia, nem em uma drogaria. Mas você o encontrará na igreja, porque o nome desse remédio é Jesus Cristo. Você só poderá encontrá-lo pela fé, através da santa Palavra de Deus; mas, para isso, você precisará buscá-lo.*

E, de fato, só o Senhor Jesus Cristo pode curar o viciado que está acorrentado nas drogas — com correntes que só Deus pode quebrar. Mas Tadeu também tinha seus problemas de saúde, devido à vida desregrada que levava, por causa do seu antigo vício; pois suas loucuras acarretaram muitas consequências à sua saúde.

Roberto caiu na tentação do Maligno e continuava preso, sofrendo as consequências de seus atos egoístas e ambiciosos.

A parte boa foi que ele se converteu; a parte ruim é estar preso como um pássaro na gaiola. Sua irmã Patrícia continuava sendo uma celebridade; todavia, estava sempre envolvida em polêmicas e escândalos, devido ao consumo exagerado de álcool e drogas, que a levava a fazer muitas bobagens — um prato cheio para as notícias de fofocas na mídia, na televisão e nas revistas das bancas de jornal.

Sentindo-se humilhada pelas coisas que falavam a seu respeito, ela ficava muito triste, depressiva e extremamente envergonhada.

São as mazelas do pó — isso porque o pó é mau.

A vida do homem nunca será perfeita neste plano terreno.

Ninguém pode ter tudo; para o pó, nada é pleno e permanente.

Sempre haverá problemas e dificuldades para o pó.

Não adianta se iludir com palavras vazias de pregador *coaching*.

Eu, porém, pisarei ainda mais no pó, porque o pó é mau.

Falarei a verdade, segundo a vontade do Deus verdadeiro.

E não encherei o vaso de barro de ilusão, mas de verdade.

Mas há um caminho para aqueles que querem ficar livres para sempre do pó — e o caminho é seguir o Senhor Jesus Cristo na estrada que vai para Sião. Esse é o caminho de Deus. *"Amados, somos filhos de Deus, e ainda não se manifestou o que havemos de ser. Mas sabemos que, quando ele se manifestar, seremos semelhantes a ele, pois o veremos como ele é. E todo o que tem nele essa esperança purifica a si mesmo, assim como ele é puro."* (1Jo 3:2,3)

Mas, enquanto isso não acontece, enquanto o pó não retorna ao pó, continuaremos sentindo as mazelas do pó — entretanto, não andando na mesma estrada que o mundo anda, mas na estrada que nos levará ao santo monte Sião e, por que não dizer, à perfeição.

Capítulo 16

Máquina do tempo.

Há momentos na vida em que tudo o que os homens querem é ter uma máquina do tempo, para poder voltar ao passado e consertar os seus erros e as suas muitas e estúpidas escolhas erradas; todos querem isso, sem nenhuma exceção, pois todos nós erramos muito.

Quem é aquele que não gostaria de ter uma máquina do tempo?

Para voltar a outras épocas de suas vidas, quando as coisas eram melhores, mais tranquilas, mais seguras, mais alegres e mais simples.

O tempo voa, a Terra muda, o homem muda, a moda muda, as gírias mudam, a ciência avança, a tecnologia aumenta, tudo passa, e tudo um dia chegará ao fim. O presságio do fim do mundo como nós o conhecemos está à vista de todos os mortais, que se iludem pensando que são imortais; mas não somos imortais, somos pó e ao pó retornaremos. Quem assim não pensa, engana-se a si mesmo.

Somos como partículas de poeira pairando sobre a superfície da Terra — poeira ao vento tentando encontrar uma resposta palpável, tentando encontrar uma forma de não se dissipar totalmente e para sempre. Mas o fim de tudo que nós vemos virá, indubitavelmente.

O ano era 1998, e havia um caso que havia virado notícia de jornal: um jovem católico, aspirante a padre e muito devoto à sua religião, havia cortado o próprio pênis, pois já não aguentava mais o ardor da sua carne, que ardia como o fogo pelo desejo da luxúria.

Mas, depois de ter feito essa cirurgia impensada, que quase o matou, pois o fez perder muito sangue, ele se arrependeu da bobagem que havia feito e, com muito remorso, se lamentava amargamente no leito do hospital, dizendo consigo mesmo, com lágrimas nos olhos: — *Como eu queria poder voltar ao passado para consertar essa besteira que eu fiz; como eu fui tolo e precipitado. Como eu queria ter uma máquina do tempo para voltar ao passado e consertar esse grande erro que eu cometi contra mim mesmo.*

E aconteceu que Vânia ficou grávida, mas não sabia quem era o pai da criança que estava em seu ventre; disseram-lhe que a melhor coisa a fazer era tirar o feto, fazendo um aborto. Mas ela sentiu amor pela criança que estava sendo formada dentro dela e decidiu, em seu coração, que daria à luz ao bebê, custe o que custasse.

Ela foi contra todos os conselhos de suas colegas de profissão. Porém, suas colegas achavam aquela gravidez um estorvo. Todas elas, unânimes, a advertiam constantemente, dizendo:

— Como você terá essa criança na profissão em que vivemos? E quando a sua barriga começar a crescer, como você irá fazer os programas? Você vai precisar escolher: ou a criança, ou a sua profissão. Pense no bem da criança e no seu próprio bem.

Mas Vânia bateu o pé e decidiu não abortar.

Ela continuava fazendo programas, mas, quando a sua barriga começou a crescer, precisou parar de se prostituir. Então começou a passar necessidade e se viu obrigada a voltar para a casa de seus pais. Voltando no ônibus, temia não ser bem recebida por eles.

Por isso, quando desceu do ônibus, procurou primeiro uma de suas antigas amigas para buscar abrigo; mas não foi bem recebida por nenhuma delas. Algumas já estavam casadas, e as que não estavam não queriam carregar o peso de uma mulher grávida atrapalhando suas vidas. Então pensou em procurar Rita, mas depois ficou com medo de ser maltratada pela antiga amiga.

Ela ficou em um hotel alguns dias, até que o resto do seu dinheiro acabou, e se viu em um impasse: ou voltar para a casa de seus pais, ou ficar na rua da amargura. Com medo de prejudicar o bebê, decidiu voltar para a casa de seus velhos pais; contudo, também estava receosa de ser mal-recebida. Chegou envergonhada e tocou a campainha. Seus pais vieram e ficaram surpresos ao ver a filha grávida, mas a abraçaram e começaram a chorar. Vânia também chorou muito, pois, em uma fase difícil, havia encontrado socorro.

Ela sentiu muito remorso e culpa por ter feito seus pais sofrerem tanto por causa dela, e também por ter feito tanto mal a si mesma.

Estava começando a cair em si quando parava para pensar em tudo que havia feito enquanto estava fora, longe da visão de seus pais. Sentiu-se envergonhada, teve vontade de voltar ao passado para consertar suas muitas escolhas erradas, mas não tinha uma máquina do tempo; o jeito era prosseguir em frente e esquecer o passado. Então parou de olhar para trás e se focou no presente.

Por obra de Deus, o pregador estava evangelizando pelos lados da casa de Vânia. Então, movido pelo Espírito Santo, ele tocou a campainha da casa de Vânia, e ela o atendeu, pois seus pais não estavam em casa naquele dia. Então o pregador disse a Vânia:

— Boa tarde, mulher abençoada por Deus! Estou vendo que vai ser mamãe. Que Deus abençoe esta criança que vai nascer; que ela tenha muita saúde, e que você também tenha um bom parto, e que tudo corra bem no dia em que este lindo bebê vier ao mundo. Em nome do Senhor Jesus eu te abençoo: que haja paz na tua vida e que haja luz no teu caminho. Deus tem um plano para tua vida; Ele quer te salvar, Ele quer curar todas as tuas dores e feridas. Jesus te ama, Ele sempre estará ao teu lado para te ajudar nos dias difíceis de angústia e de aflição, nas noites escuras e nas horas de solidão. Quando todos te abandonarem, Deus não te abandonará. Quando todas as portas se fecharem, Deus lhe dará uma saída. Você nunca mais estará sozinha neste mundo cruel e impiedoso. E este vazio que você sente dentro do teu coração será preenchido pelo amor e pela vida que vêm do Deus verdadeiro — do Deus Criador e Salvador, o Senhor Jesus Cristo.

O pregador continuou falando do grande amor de Deus e do evangelho do Senhor Jesus Cristo, e ela o ouvia com atenção.

Ela abriu seu coração e a semente foi plantada. Deus começou a trabalhar em sua vida, pois ela o havia deixado entrar, e uma vez convidado, o Senhor Jesus entra. Não demorou muito para que ela começasse a frequentar a igreja com seus pais e aceitasse Jesus em sua vida de todo o coração como seu único Senhor e Salvador.

O ano era 1998. Vânia teve sua filha e lhe deu o nome de Débora.

Mas, enquanto uma vida vinha ao mundo, outra vida estava querendo deixá-lo: a de Patrícia, que estava mais depressiva do que nunca. Com sua carreira em declínio, Patrícia começou a cair no esquecimento do público, pois já não conseguia mais emplacar nenhum sucesso; seus últimos álbuns haviam sido um fracasso total.

Ela havia feito muito sucesso no início de sua carreira como cantora, entre os anos de 1990 e 1993, mas, conforme os anos foram passando, o seu sucesso também foi diminuindo — drasticamente.

E, em 1998, quase não se ouvia falar na mídia da famosa Patrícia. Isso a deixou muito frustrada, pois ela queria os holofotes.

Mas o seu brilho estava diminuindo cada vez mais. A "deusa" queria adoradores para venerá-la, porém, seus admiradores foram embora com o surgimento de novos "deuses" e novas celebridades do showbiz. Seu empresário, vendo que a sua fonte havia secado, a abandonou e foi à procura de novos talentos, para levá-los ao topo da perdição eterna. Porque, de fato, na Babilônia é assim: os mercenários fazem comércio até mesmo com as almas humanas.

"Ai! ai da grande cidade, Babilônia, a cidade forte! Pois numa só hora veio o teu julgamento. Os comerciantes da terra chorarão e lamentarão por ela, pois ninguém mais compra as suas mercadorias; mercadorias como ouro, prata, pedras preciosas e pérolas, linho fino, púrpura, seda e tecido vermelho, e toda espécie de madeira aromática e todo objeto de marfim, de madeira muito preciosa, de bronze, de ferro e de mármore, e canela, especiarias, perfume, mirra e incenso, vinho, azeite, flor de farinha e trigo, bois, ovelhas, cavalos e carros, escravos e até almas humanas." (Ap 18:10-13)

Mas ela conseguiu outro empresário, no entanto, de nível inferior, que agendava alguns shows, mas bem mais baratos do que outrora. O declínio mexeu com sua cabeça, pois no início de sua carreira, o sucesso chegou tão rápido que ela pensou que nunca iria acabar. Explodiu e alcançou o sucesso tão rapidamente que não estava preparada para perdê-lo; por isso andava muito ansiosa e depressiva. Algum tempo depois, ela foi convidada para fazer uma apresentação em um grande evento que reuniria vários cantores consagrados do momento e que seria até televisionado. Com isso, sentiu que o seu sucesso estava voltando e ficou muito animada.

O local do evento estava lotado, a maior emissora de TV do país iria transmitir o show ao vivo, havia milhares de pessoas na plateia.

Mas aquele público não estava lá para ver a cantora Patrícia, e sim outros cantores que estavam no auge de suas carreiras. Nos bastidores, as novas celebridades faziam pouco caso de Patrícia e a tratavam com desdém, pois a fama havia corrompido seus corações.

As novas celebridades se achavam melhores do que ela, e isso a deixou sem jeito naquele ambiente de novas estrelas em ascensão.

Ela se sentiu como uma estranha no ninho quando soube pelos organizadores do evento que fora chamada apenas para abrir o show, ou seja, para preparar o palco para as outras celebridades do momento; seu papel era apenas fazer uma breve apresentação.

Ficou ofendida ao saber que não fora chamada para ser a estrela principal. Enfim, chegando a hora do show, os organizadores a mandaram entrar no palco para fazer a abertura; mas o público não esperava Patrícia, esperava outros cantores. Era uma plateia jovem, interessada apenas nos sucessos do momento, que não queria mais ouvir os velhos sucessos de Patrícia. Quando ela entrou no palco para cantar seus antigos sucessos, a plateia começou a vaiar; mas ela permaneceu firme — com lágrimas nos olhos — pois não esperava o descontentamento do público. Ainda assim, continuou cantando.

Mas cantou apenas uma música, pois os organizadores do evento a retiraram do palco para que os novos cantores, que estavam no auge do sucesso, entrassem logo em cena e acalmassem o público.

Então, ela saiu humilhada sob as vaias da plateia insatisfeita.

Nos bastidores, também se sentiu humilhada pelos outros cantores e nem quis saber sobre o valor de seu cachê, deixando isso na mão de seu empresário, que continuou no maior evento do ano.

Ela, porém, saiu correndo para o hotel em que estava hospedada.

Quando chegou, muito aflita e angustiada pela humilhação que havia passado, começou a beber e a usar cocaína — e bebeu muito, até ficar fora de si. Depois entrou na banheira para tentar relaxar, mas já estava muito louca e, num impulso, em um pequeno instante de loucura, quebrou a garrafa de vodca e, com um pedaço do caco de vidro, cortou os pulsos. E logo começou a sangrar na banheira; seu sangue se misturou com a água, a água tornou-se vermelha, e ela foi ficando fraca e desmaiou. E, sozinha, sangrou até a morte.

No outro dia, a mídia não falava de outra coisa, apenas sobre o suposto suicídio de Patrícia, que foi encontrada por seu empresário já sem vida, dentro da banheira do hotel onde estava hospedada.

Essa notícia deixou o país inteiro perplexo; houve uma grande comoção, e muitos não conseguiam acreditar em seu suicídio. No velório, aberto ao público e televisionado, uma multidão de pessoas curiosas fazia fila para ver a cantora Patrícia e se despedir dela. (Parecia que ela havia conseguido voltar aos holofotes novamente, mas desta vez dentro de um caixão coberto de flores, e em silêncio.)

Alguns choravam, outros se lamentavam pela sua triste morte.

Seus pais e seu irmão ficaram o tempo todo ao lado do caixão; inconformados, choravam muito, pois não conseguiam entender o porquê do suicídio. Uma mulher jovem e bonita, com a vida inteira pela frente... não, ninguém conseguia compreender o motivo do seu suicídio. No enterro, seu antigo pastor fez uma oração de despedida, que deixou muitas almas ali presentes emocionadas; então a enterraram, e o pó retornou ao pó; seus dias se findaram na terra dos viventes. Mas sua alma, com certeza, continuava viva em algum lugar nas regiões celestiais; nas entranhas da terra, entre a luz e as trevas. Mas, infelizmente, ela foi parar nas regiões celestiais escuras do inferno, onde sofrerá o castigo por ter abandonado o Salvador da sua alma e se desviado da estrada que a levaria a Sião, ou seja, ao paraíso. No inferno, desejará ter uma máquina do tempo para voltar ao passado e consertar suas muitas escolhas erradas; mas no inferno também não existe nenhuma máquina do tempo para trazê-la de volta à vida terrena. Seu tormento estará apenas começando nas prisões do inferno, no mais profundo abismo e no denso breu.

É triste, mas este é o destino daqueles que profanam o sangue do Cordeiro e dão as costas para Deus, correndo atrás de seus sonhos egoístas, rendendo-se às suas vontades carnais — prostrando-se aos pés de Satanás. Ela poderia estar viva se tivesse optado pelo paraíso, mas não perseverou em seguir o Senhor na estrada que leva a Sião; pelo contrário, pegou o desvio para o abismo, a estrada da perdição.

"Ali haverá choro e ranger de dentes." (Mt 25:30)

Não são poucos os que fazem escolhas erradas, mas acabam se arrependendo no final, desejando ter uma máquina do tempo para voltar e consertar seus erros e escolhas equivocadas do passado.

Mas a máquina do tempo é apenas uma grande ilusão da mente humana; é coisa de ficção científica. Não existe e jamais existirá.

Não há como voltar atrás, só há como seguir em frente.

Patrícia fez a escolha errada quando buscou a glória do mundo, porque o mundo a machucou de tal modo que ela não suportou e tirou a própria vida; isso porque amou o mundo, mas o mundo não correspondeu ao seu amor. Jesus a amou, mas ela não soube corresponder ao amor de Cristo; e, como consequência de suas maldades, o mundo também não soube corresponder ao seu amor.

O mal que o mundo fez a ela, Jesus jamais teria feito.

"Que aproveita ao homem ganhar o mundo inteiro e perder a sua alma. Que daria um homem em troca de sua alma?" (Mc 8:36,37)

Ela poderia ter se arrependido e voltado para o Senhor, mas estava amando tanto a glória do mundo que não conseguia mais deixá-lo para retornar à estrada que leva a Sião. E, quando o mundo a rejeitou e lhe negou sua glória, ela não suportou e preferiu morrer a continuar vivendo sem a glória do mundo — isso sim é triste. Caiu no feitiço da Babilônia e acabou perdendo a salvação.

No mais denso breu, muitas almas anseiam voltar à superfície da terra; suas lembranças da vida terrena as atormentam, pois nunca mais poderão viver o que viviam nem sentir o que sentiam, jamais.

Pois agora estão mortos, na morada dos mortos.

Agora compreendem o quanto a vida, dada por Deus, era boa.

Desejarão ter uma máquina do tempo para voltar e fazer as escolhas certas, que as livrariam daquele lugar de tormento e as levariam aos seus vizinhos que estão do outro lado do abismo, no paraíso. Mas a máquina do tempo é só um mito, o maior dos mitos.

Se tivessem a oportunidade de voltar, certamente seguiriam o Senhor Jesus na estrada que leva a Sião; mas não podem mais retornar à vida, e por isso estão em estado de choque na escuridão, atormentados na morada dos mortos, traumatizados para sempre, porque na Sepultura não há mais esperança para o homem.

Mas, para os que ainda estão vivos sobre a superfície da terra, ainda há esperança. Ainda há tempo de pegar a estrada para Sião.

Capítulo 17

Encontros e reencontros.

O barulho da betoneira e das marteladas não conseguiam abafar o cântico de louvor que se ouvia na obra: — *Então minh'alma canta a ti, Senhor, grandioso és Tu, grandioso és Tu; então minh'alma canta a ti, Senhor, grandioso és Tu, grandioso és Tu...*

O trabalho pesado não tirava o cântico de louvor da boca do Mato Grosso, que adorava ao Senhor enquanto trabalhava sob um sol de mais de 32°C. Nunca antes ele havia trabalhado com tamanha alegria. Quem, dentre seus antigos colegas, poderia imaginar que algum dia ele voltaria a trabalhar como pedreiro, se num passado não muito distante o viram confinado a uma cadeira de rodas?

Muitos dos seus colegas creram no Senhor Jesus e o aceitaram como seu Senhor e Salvador, através do testemunho do Mato Grosso. Até mesmo os seus antigos amigos de rolê reconheceram a glória de Deus na vida do Mato Grosso e também decidiram acompanhá-lo, seguindo Jesus na estrada que vai para Sião.

E nessa estrada também estavam Ana, sua esposa; Cauê e Mirela; Tadeu; Roberto; Vânia; o pregador; o "homem de Deus" e um número incontável de almas bem-aventuradas que perseveravam em seguir ao Senhor na estrada que vai para o monte Sião, a nova Jerusalém, a Cidade Santa. *"Alegre-se muito, povo de Sião!"* (Zc 9:9)

Mas havia uma alma que tinha sido levada dessa estrada, uma alma que andava de mãos dadas com o pregador, mas que já não estava mais com ele, pois sua caminhada havia chegado ao fim; e agora se encontrava no paraíso, aguardando o soar da trombeta que a fará subir voando ao encontro de seu Senhor e Salvador Jesus Cristo. Sim, era a esposa do pregador, que havia partido desta vida para uma vida melhor — quando sofreu um AVC hemorrágico; seu corpo não suportou e ela foi levada pelos anjos de Deus ao Éden.

Ela tomava medicamentos controlados de tarja preta, e todos os remédios têm seus efeitos colaterais; o Senhor quis tomá-la e poupá-la das mazelas do pó, ou seja, dos sofrimentos desta vida terrena.

Mas, para o pregador, esposo dela, ela não havia morrido; muito pelo contrário, estava mais viva do que nunca no paraíso, isto é, no terceiro céu, descansando na mais plena paz — na glória de Deus.

Pois, apesar dos seus problemas bipolares, ela era uma serva de Deus que lutava pela sua salvação, buscando o seu Salvador.

Mas a morte de sua esposa não desanimou o pregador, pois a esperança dele estava na vida após a morte, com Cristo, e não na vida deste mundo. Para ele, ela havia apenas viajado para um lugar muito melhor do que este mundo sem piedade, pois ele sabia que um dia também faria essa viagem e reencontraria a sua esposa querida; mas não mais como esposa, e sim como uma amada irmã em Cristo.

Porque ele vivia para Cristo, vivia na esperança da vida eterna, em Sião; não vivia na esperança e na ilusão da vida terrena do pó.

Certo dia, Cauê e Mirela, que estava grávida novamente, saíram para fazer compras para o novo bebê que estava a caminho e levaram o menino Samuel, que gostava muito de passear — como toda criança normal; ele era uma criança muito dócil e educada.

Durante o passeio, eles pararam para lanchar em uma lanchonete que servia salgados como coxinha, pastel, quibe, croquete, esfiha, salsicha, enfim. Na lanchonete, Cauê avistou sua antiga colega de trabalho, por quem havia se apaixonado e de quem também havia levado um fora; ele a viu com outra mulher, de mãos dadas e trocando olhares de amor. Mas, quando se aproximou dela para cumprimentá-la, ao vê-lo, ela ficou envergonhada e sem jeito, pois ninguém, nenhum de seus conhecidos, sabia que ela era lésbica.

Quando Cauê percebeu que ela ficou constrangida ao vê-lo, se fez de sonso, fingiu não ter notado nada e, disfarçando, perguntou-lhe:

— *Quanto tempo! Como vai você? Está com a sua irmã?*

Então, surpresa e meio sem jeito, ela respondeu:

— *Oi, Cauê, quanto tempo, amigo. Essa é a minha amiga. E você, continua trabalhando no mesmo hospital ou está em outro lugar?*

Então eles começaram a bater papo, e Cauê lhe apresentou sua esposa grávida e seu filho. Ela pensou que Cauê não havia percebido que a mulher que estava ao seu lado era sua namorada e não sua amiga; mas, na verdade, ele entendeu muito bem que aquela mulher era sua namorada, apenas fingiu não perceber nada para não deixá-la constrangida. E aproveitou a oportunidade para glorificar Jesus.

Disse que havia entregado sua vida a Jesus e que tudo estava indo muito bem com sua família, pela bondade e fidelidade de Deus.

Então ela disse: — *Quem te viu, quem te vê. Sua família é linda.*

Ele, porém, continuou glorificando o Senhor Jesus Cristo, disse a ela que só através de Deus encontramos a verdadeira vida — e também a convidou para ir à sua igreja algum dia, pois as portas estavam sempre abertas para todos. As duas disseram que sim, que iriam visitá-los algum dia, mas, na verdade, nunca foram. Porém, Cauê fez a sua parte, e o Espírito Santo também fez a parte d'Ele.

Cauê se despediu de sua amiga e cada um foi para o seu lado.

No caminho, Cauê disse a Mirela que já havia sido apaixonado por aquela mulher e que também já havia levado um fora dela.

Mirela ficou com um pouco de ciúmes só de pensar que Cauê já havia estado apaixonado por outra mulher e, meio embirrada, disse:

— *E agora, você sentiu alguma coisa por ela?*

Cauê sorriu, surpreso por vê-la com ciúmes, e disse a ela:

— *Claro que não, você é o amor da minha vida. Eu não tenho olhos para mais ninguém, só para você, minha princesa. E outra, ela é lésbica. Agora eu sei o motivo de ter levado um fora dela, mas, naquela época, eu nem desconfiava que ela não gostava de homem.*

Mas, em seu coração, ele se lamentava pela escolha da sua colega. Contudo, não deixou de amá-la como um ser humano.

Quando chegou em sua casa, dobrou os joelhos e orou por elas, rogando para que Deus tivesse misericórdia daquelas almas. Deus ouviu a oração de Cauê, de fato, mas elas também precisavam fazer a parte delas. O Senhor bateu na porta, mas elas precisavam abrir.

Quando saiu da cadeia, Roberto reencontrou alguns de seus antigos amigos, inclusive aquele que lhe apresentou a vida do crime e lhe ensinou como funcionava todo o esquema de roubos de carros.

Mais uma vez, esse amigo fez uma proposta tentadora a Roberto, mas, dessa vez, Roberto rejeitou sua proposta tentadora, e seguiu em frente focado em Cristo, andando pela estrada que vai para Sião.

Nessa época, sua irmã Patrícia ainda estava viva. Ele a procurou para lhe falar de sua verdadeira conversão, mas ela o desdenhou.

Mesmo assim, ele tentou convencê-la a voltar para Cristo; ela, porém, disse que estava bem como estava e que não precisava de Deus. Quase dois anos depois de estar solto, recebeu a triste notícia da morte de sua irmã, que havia se suicidado cortando os pulsos com um caco de vidro na banheira do hotel onde estava hospedada.

Foi um golpe duro para ele, de fato, e isso o entristeceu bastante; mas não o desanimou. Pelo contrário, fortaleceu ainda mais a sua fé em Jesus Cristo, porque viu que realmente o mundo é mau e jaz no Maligno. Ele viu que sua irmã fora fraca e havia sido mais uma vítima da influência da grande Babilônia. Viu que ela estava entre as muitas outras almas que também haviam se perdido por amar o mundo e a sua glória; almas que foram enfeitiçadas e presas dentro dos muros altos da sedutora Meretriz que encanta e fascina os olhos: a grande Babilônia — mãe de todas as abominações que há na terra. Ela tem levado muitas almas cativas para o grande abismo.

"Caiu a grande Babilônia, que deu de beber a todas as nações do vinho da ira da sua prostituição. [...] Caiu, caiu a grande Babilônia, e se tornou morada de demônios, e guarida de todo espírito imundo, e guarida de toda ave imunda e detestável. Porque todas as nações têm bebido do vinho da ira da sua prostituição, e os reis da terra se prostituíram com ela; e os mercadores da terra se enriqueceram com a abundância de suas delícias. Ouvi outra voz do céu dizer: Sai dela, povo meu, para que não sejas participante dos seus pecados, e para que não incorras nas suas pragas. Porque os seus pecados se acumularam até o céu, e Deus se lembrou das iniquidades dela. [...] Pois teus comerciantes eram os nobres da terra, e todas as nações foram enganadas pelas tuas feitiçarias." (Ap 14:8) (Ap 18:2-5) (Ap 18:23)

Andando com a sua cachorrinha pela praça, mais solitária do que nunca, estava Rita, que continuava morando no mesmo lugar e, mais uma vez, sozinha, pois seu namoro com Alex havia terminado.

Eles tentaram, fizeram até terapia de casal, mas, no final, não deu certo. Alex pegou suas coisas e foi embora sem olhar para trás, pois não aguentava mais a pressão da namorada — enquanto Rita o observava com lágrimas nos olhos e com o coração partido ao meio.

Rita ficou inconformada com a separação. Disse a si mesma que nunca mais queria saber de homem e se dedicou inteiramente a estudar e trabalhar. Também trancou a porta do seu coração e jogou a chave fora. Sua única amiga era seu próprio reflexo no espelho e sua cachorrinha de estimação. Ela se afastava das pessoas e não permitia que ninguém se aproximasse, e isso a deixou mais amarga do que nunca. Entretanto, financeiramente, estava indo muito bem, graças aos seus estudos, esforço e dedicação. Mudou de emprego e, com o tempo, subiu de cargo na nova empresa onde trabalhava. E estava prosperando muito trabalhando para o vento.

Ela ganhava bem, mas guardava quase todo o dinheiro que passava por suas mãos. Não se preocupava em continuar morando no mesmo lugar de sempre, não saía para lugar nenhum, não tinha vícios, não tinha amigos, não tinha pretendentes, não tinha Deus, não tinha nenhum sonho além da vontade de trabalhar e continuar trabalhando. Sua vida era assim: de casa para o trabalho, e do trabalho para casa. Depois que chegava do trabalho, costumava levar sua cachorrinha para passear, mas voltava logo, porque não podia perder, de modo algum, nenhum capítulo da sua novela preferida. Também caiu em si e largou o movimento feminista.

Não se importava mais, porque só o trabalho a motivava; nada mais a motivava. Queria apenas sobreviver. Não queria lutar por nenhuma outra causa, senão por sua própria. Por isso, rompeu os laços com suas antigas colegas feministas e abandonou de vez o sindicato com suas normas, regras e medidas fúteis e desnecessárias.

Mas Vânia estava sempre ocupada com o bebê. Ela e sua mãe foram ao centro da cidade, não muito longe do apartamento onde Vânia morava, para fazer umas compras para a pequena Débora.

Era sábado e Rita estava de folga. Enquanto a mãe de Vânia cuidava do bebê e a esperava sentada num banco, debaixo da sombra de uma árvore, Vânia fazia as compras. Foi então que ela avistou Rita, passando do lado de fora da loja com sua cachorrinha.

E saiu correndo para rever a velha amiga. De longe, ela gritou:

— *Não se lembra mais da sua velha amiga, Rita!*

Então Rita olhou para trás e ficou surpresa ao rever a velha amiga: — *Não acredito no que estou vendo, é você mesma, Vânia!*

As duas se abraçaram, pois já fazia muito tempo que não se viam. Um filme passou em suas cabeças como um flashback de lembranças, surgindo em suas memórias como um holograma.

Vânia lhe mostrou sua filhinha, e Rita ficou encantada com o bebê de sua velha amiga. E, bastante empolgada, disse a Vânia:

— *Ainda estou morando no mesmo lugar, aqui perto. Você pode me visitar quando quiser. Precisamos colocar o papo em dia. Estarei te esperando no mesmo apartamento, você, sua mãe e esse lindo bebê.*

Então Vânia lhe respondeu: — *Tá bom, quando você estiver disponível, me liga que eu vou. Foi um grande prazer te rever.*

Então se despediram como se ainda fossem melhores amigas.

Ambas se esqueceram das brigas do passado e dos seus desentendimentos, e não guardavam mais mágoas, senão o sentimento de empatia e de amizade. Rita ficou muito feliz em rever a sua velha amiga, e o seu coração, duro e gelado como pedra de gelo, começou a derreter. Ela se sentiu bem, sentiu que poderia ter uma amiga de volta em sua vida para aliviar a sua grande solidão.

Outro dia, a campainha da casa de Vânia tocou: era Rita, trazendo em suas mãos um presente para a pequena Débora. Vânia a recebeu e a convidou para entrar. Sua mãe serviu-lhe um chá com biscoitos, e elas conversaram muito naquele dia, retomando a amizade que havia se perdido no passado, quando eram mais jovens.

Agora, porém, um pouco mais maduras, voltaram a ser amigas, esquecendo-se dos erros do passado e vivendo a alegria do presente.

Reunidos na casa do pregador estavam Cauê, Mirela, Samuel, Mato Grosso, Ana, Amanda e Tadeu. Eles se reuniram para fazer um churrasquinho e confraternizar na união e no amor de Cristo.

Ao som de hinos espirituais, carne na brasa e pão de alho, todos conversavam e brincavam, sorriam e se alegravam. Era como o óleo que escorria sobre a barba, sobre a barba de Arão: *"Como é bom e agradável os irmãos viverem em união! É como o óleo precioso sobre a cabeça, que desce para a barba, a barba de Arão..."* (Sl 133:1,2)

Mato Grosso e Cauê brincavam com o pregador e Tadeu:

— *Quando é que os dois varões vão arrumar uma varoa?*

Mas eles respondiam: — *Quando Deus quiser. Nós não iremos nos precipitar. Porque estar casado tem as suas vantagens, mas vocês não podem esquecer que estar solteiro também tem: menos preocupação.*

Mirela e Ana, porém, diziam para seus maridos: — *Vocês dois, deixem de incomodá-los e tratem de cuidar de seus filhos e de suas esposas. Pensam que nos enganam, vocês querem mesmo é comer bolo.*

E todos riam muito. Não havia contendas, senão união, alegria e o amor de Cristo. No final, antes de irem embora para suas casas, deram as mãos e oraram agradecendo ao Santo e Verdadeiro Deus.

Ao Deus Eterno e Bendito, que tudo criou por amor.

De graça Ele deu a vida e o bem aos homens, sem cobrar nenhum centavo — por sua bondade e misericórdia. *"Porque todo animal da floresta é meu, assim como o gado, aos milhares nas montanhas. Conheço todas as aves dos montes, e tudo o que se move no campo é meu. [...] Pois o mundo é meu e tudo que nele existe."* (Sl 50:10-12)

Por isso, Ele tem o direito de fazer o que quiser com a nossa vida.

Pois a nossa vida é d'Ele; nós não somos donos de nada.

Capítulo 18

Babilônia, a grande.

Ela está vestida de púrpura e de vermelho, enfeitada de ouro, pedras preciosas e pérolas, com um cálice de ouro na mão, cheio das imundícies e das abominações de sua prostituição; ela está assentada sobre os povos da terra, a grande Meretriz, que também está montada sobre o espírito da besta. Os reis da terra se prostituem com ela, e os habitantes do mundo em trevas bebem e se embriagam com o vinho de sua prostituição — todos estão cambaleando de tão bêbados. Em sua testa está escrito um nome: *"A grande Babilônia, mãe das prostituições e das abominações da terra."* (Ap 17:5)

Babilônia, a grande; a grande culpada pelas almas perdidas da terra, que descem ao abismo, às regiões escuras e sombrias das prisões do inferno, onde o fogo nunca se apaga e os demônios nunca dão descanso. Lá não há paz, não há vida, não há luz, não há esperança, não há nenhum modo de escapar, não há para onde correr, não há como fugir; lá as almas estarão confinadas à dor.

Ela, a grande Babilônia, influencia as almas que estão debaixo do sol, sobre a superfície da terra, na terra dos viventes; ela lança o seu charme e enfeitiça os povos. Uma linda e sedutora mulher que não aceita ser rejeitada. São poucos os que conseguem resisti-la, pois ela não é uma mulher qualquer — isto é, do tipo que se joga fora.

Babilônia, a grande; a grande prostituta, usando uma meia-taça apertada nos seios e um fio dental sob uma minissaia de neon.

A grande e amada prostituta do mundo, que jaz no Maligno.

Quem poderá resistir aos seus encantos?

Grande é o seu glamour, seu luxo e suas riquezas; por isso ela pensa que estará por cima para sempre, pensa que jamais será abalada. Mas o Altíssimo acabará com sua glória no grande Dia da vingança de Deus. Os seus amantes se lamentarão, porque ela — a grande prostituta — deixará de existir e nunca mais será. *"Um forte anjo levantou uma pedra, do tamanho de uma grande pedra de moinho, e jogou-a no mar, dizendo: A grande cidade da Babilônia será jogada com a mesma força e nunca mais será achada."* (Ap 18:21)

Mas, enquanto a vingança não vem, ela continua assim — tipo, dançando a dança do ventre sob os holofotes do palco do mundo.

Toda depravada e ao som de uma melodia imoral e blasfema, embriagada com o sangue dos santos. Mas os sábios fogem dela e rejeitam o seu fetiche sensual, fugindo pela estrada que vai para Sião — a única estrada para aqueles que querem escapar da Babilônia.

Pois todas as outras estradas levam aos seus portões, levam para a cidade da perdição eterna, à grande Babilônia; nela não existe almas inocentes, todos se tornam culpados dentro de seus muros.

Seja rico ou seja pobre, ela não rejeita seus escravos — pois o seu prazer está em escravizar. A sua vontade é ver todos prostrados, se humilhando aos seus pés, fadados às suas orgias libertinas, bebendo do seu vinho embriagador de abominações e pecados. *"Babilônia, mãe das prostituições e das abominações da terra."* (Ap 17:5)

Na festa rave, no ambiente psicodélico, nas batidas das músicas eletrônicas, na vibe ensurdecedora, nas bebidas alcoólicas e nos comprimidos de êxtase, o cérebro dele estava fritando, mas ela beijava qualquer um que estivesse perto dela; os jovens ficam loucos dentro dos muros da grande Babilônia — mãe das abominações.

Eles estavam cultuando um deus pagão, um deus estranho que não veem e nem podem apalpar com as mãos, um deus que adoram sem saber, um deus que os influencia em suas escolhas pecaminosas e devassas — um entre os muitos deuses da grande e sexy Babilônia.

A Babilônia tem muitos deuses, mas o maior de todos se chama dinheiro. Este é o deus mais amado e procurado por todos, pois é ele que pode comprar todos os tipos de prazeres da deliciosa Babilônia.

Por isso, o dinheiro é o deus mais cobiçado pelas almas perdidas — e não apenas por elas, mas também por muitas almas que pensam que já estão salvas. Verdadeiramente, até mesmo entre as almas que andam na estrada que vai para Sião, há muitos que amam e cobiçam esse deus de longe. É claro que isso é um grande erro dos cristãos; porém, esse deus já tomou lugar no coração de muitos crentes. Na Babilônia, a ambição e a ganância, o ouro e a prata, a pérola e o diamante; a cobiça do homem e os corpos dos mortos amontoados. O luxo de poucos e a miséria de muitos: os ricos jogam comida fora, os pobres reviram os sacos de lixo dos ricos em busca de alimento.

Quanto mais eles têm, mais eles querem; quanto mais sonham, mais cobiçam; erguem as suas torres altas — torres de Babel — com o intuito de chegarem até o céu. Através dos seus impérios, que são passados de geração em geração, as torres altas da Babilônia se multiplicam cada vez mais. E, no final, nada sobra para os famintos.

O comércio é predominante na grande Babilônia; todos correm de um lado para o outro, focados nos prazeres, no materialismo e nas superficialidades do mundo. Entregam-se à luxúria, vestem-se de vaidade, iludem-se com o luxo excessivo, praticam extorsão, comem a carne do pobre até os ossos e engordam para o dia da matança.

Debaixo da saia da grande prostituta, os homens se deleitam num mundo de delícias; por isso o mundo inteiro a ama, pois todos estão sob os seus feitiços ardilosos e se tornaram seus amantes fiéis.

Movidos pela vaidade, pelo egoísmo e pela cobiça dos seus olhos, eles comem o fruto proibido; mas, não saciando sua fome insaciável, não satisfeitos, ainda arrebatam o pão da boca dos necessitados.

Dentro dos muros da grande Babilônia há muitas festas e fogos de artifício, muita euforia, muitos prazeres carnais, muita maldade, muita violência, muita idolatria, muita depravação, muita mentira, muito engano, muita vaidade e muita ilusão; tudo pode acontecer e tudo é permitido debaixo da saia da grande prostituta. Eles pensam que são livres, mas estão acorrentados; são libertinos e não libertos.

Mas Vânia se livrou das correntes da Babilônia — não sozinha, e sim através da mão forte de Deus — ao contrário de Patrícia, que virou as costas para Deus e amou a Babilônia. Vânia se arrependeu de suas maldades e estava andando com Cristo na estrada que leva a Sião, para a alegria de seus pais, que também amavam o Senhor da glória e, com perseverança, oraram muito ao Senhor por sua filha.

Por isso, o Deus Altíssimo e fiel também soube ser fiel aos seus servos, ouviu as suas orações e salvou sua filha que estava presa e totalmente perdida dentro dos muros altos da grande Babilônia.

Movida pelo Espírito Santo, Vânia sentiu que poderia ganhar Rita para Jesus, livrando-a do feitiço da Babilônia e trazendo-a para a estrada que leva a Sião, arrebatando assim sua alma do inferno.

Pois queria fazer por Rita o mesmo que fizeram por ela; estava muito feliz no maravilhoso amor de Jesus e desejava que sua amiga também experimentasse a mesma alegria de estar com Cristo. Pois todos os que estão na luz se compadecem dos que estão nas trevas.

Ela queria que Rita também tivesse vida na presença de Deus, assim como ela estava tendo vida na santa presença do Senhor Jesus. E não apenas vida, mas, sobretudo, a salvação da sua alma, a vida eterna. Mas, para trazê-la da Babilônia para a estrada que leva a Sião, ela precisava apresentá-la a Cristo; porém Vânia sabia que Rita era osso duro de roer e que não seria fácil convencê-la da verdade. Por isso, começou a orar e a jejuar bastante, passou a se alimentar da Palavra de Deus e buscava a presença do Espírito Santo do Senhor de todo o coração; pedia a Deus que lhe desse uma direção, pedia que tivesse misericórdia de Rita, pedia que o Senhor tocasse em seu coração, pedia que o Senhor salvasse sua amiga Rita.

E perseverou em orar por Rita, e o Senhor ouviu a sua oração.

Então Vânia foi fazer uma visita a Rita e levou consigo Débora, sua filha, que Rita amava muito; então Vânia começou a contar seu testemunho a Rita, contou sobre todo o mal que havia praticado no mundão, contou seu sofrimento, contou que Deus a perdoou, disse o quanto Deus havia mudado sua vida para melhor, falou do grande amor de Cristo, pregou o evangelho da salvação, falou da vida eterna e da salvação da alma; e, quando terminou de falar, convidou-a para ir fazer uma visita à sua igreja e aprender mais sobre o Deus Criador, que morreu por ela na cruz do Calvário.

Então o Espírito de Jesus tocou o coração de Rita, e ela aceitou o convite e foi fazer uma visita à igreja de Vânia; lá ela se rendeu ao Senhor e aceitou Jesus como seu Senhor e Salvador. Não demorou muito para o amor de Deus começar a amolecer o coração de Rita, que fugiu da grande Babilônia, onde era uma alma amarga e infeliz, e entrou na estrada que vai para Sião, onde estava feliz com Cristo, andando na santa presença do Deus da paz e da vida. Um tempo depois, ela disse à sua amiga Vânia: — *Como eu queria ter conhecido Jesus no início da minha mocidade; ele sempre foi tudo o que eu quis.*

Eu sabia que havia algo faltando em mim, havia um vazio, mas não sabia o que era; agora eu sei: era a ausência de Deus na minha vida. Eu te agradeço por ter me mostrado o Caminho e me apresentado a Jesus. Hoje eu tenho vida e tenho paz. Graças ao nosso amado Deus.

A comoção tomou conta dos seus corações, e elas choraram de alegria. Então se abraçaram e adoraram ao Deus do céu e da terra.

E as duas sempre se encontravam na igreja, nos dias de culto.

Todos os colegas de trabalho notaram a mudança de Rita que, pela graça de Deus, havia se tornado uma pessoa melhor: mais calma, mais serena, mais equilibrada, mais mansa, mais alegre, mais bondosa, mais sensível, mais sociável, mais amorosa, menos egoísta, menos mandona, menos faladora, menos controladora e mais feliz.

É claro que Rita não era perfeita, mas buscava ao Deus Perfeito, e todos que buscam o Deus Perfeito também buscam a perfeição, porque somente Deus é Perfeito, e Ele estava aperfeiçoando Rita.

Mas a Babilônia, a grande prostituta, trabalhava para atrair a cobiça de Rita; no entanto, ela perseverava em seguir o Senhor.

Entretanto, os filhos da grande Babilônia, movidos pela ganância e por seus motivos egoístas e cruéis, cheios de cobiça e de ambição, escravos de suas paixões pelos prazeres da grande Meretriz, estavam sempre à espreita — sempre atrás de uma nova vítima para devorar.

Dois sujeitos, filhos de Belial, saíram para beber e desfrutar dos prazeres que a Babilônia tem a oferecer; mas o problema deles é que, na rica Babilônia, tudo tem um preço, e seus prazeres custam caro.

Eles não tinham dinheiro para bancar seus desejos desenfreados.

Então, pensando apenas em si mesmos, sentados à mesa do bar, com dinheiro para tomar apenas duas cervejas, dois ímpios, sem nenhum temor a Deus, planejavam fazer um assalto para conseguir dinheiro e continuar com a diversão noite adentro — do jeito que o Diabo gosta. Subiram na moto e saíram atrás da primeira vítima.

Era sábado. Rita saiu de casa para fazer umas compras básicas; dentro do mercadinho, que não ficava longe de onde morava, fazia suas compras. Os dois sujeitos avistaram o mercadinho de longe e, com os olhos cheios de cobiça e violência, decidiram assaltá-lo.

Então, aproximaram-se e encostaram ao lado do mercadinho; enquanto um deles ficou do lado de fora esperando para fazer a fuga, o outro entrou no estabelecimento como um animal selvagem, pronto para atacar a presa. Quando entrou, já apontando a arma e anunciando o assalto, Rita estava com mais três pessoas na fila do caixa; todos ficaram em pânico ao perceber que era um assalto, mas o ladrão dizia: — *Fiquem todos calmos e ninguém sairá ferido. Eu só quero a grana do caixa, mas, se alguém tentar reagir, vai levar bala!*

Mas o que o ladrão não sabia é que o homem que estava no final da fila era um policial à paisana, que sacou a arma e deu voz de prisão ao bandido. O bandido, porém, tomado pelo medo, atirou, e o policial revidou os disparos, colocando as pessoas presentes no meio do fogo cruzado — uma negligência de ambas as partes, tanto do herói quanto do bandido; os dois erraram. O ladrão foi ferido e morreu antes de chegar ao hospital, e seu comparsa, que estava do lado de fora, ao ouvir os disparos, acelerou a moto e fugiu do local.

O policial foi atingido no braço, mas não morreu; já Rita, que estava no meio do tiroteio, acabou sendo atingida pelo bandido, que, desvairado, saiu atirando para todos os lados. Ela não resistiu e morreu no local; quando a ambulância chegou, já estava sem vida.

Aliás, morta neste mundo terreno e passageiro — mas viva no Éden, isto é, no paraíso, na glória de Deus, aguardando a trombeta tocar para subir ao encontro do Senhor Jesus Cristo, que a vestirá de linho fino e lhe dará seu galardão e uma morada eterna em Sião.

Quando Vânia soube do ocorrido, ficou perplexa e chorou muito por muitos dias, mas, com o passar do tempo, o luto se encerrou e ela acabou se conformando; pois sabia que, para alguém morrer, bastava estar vivo. Ficou triste por ter perdido sua amiga de forma tão inesperada e infortúnia; mas depois se alegrou ao lembrar que a vida de Rita estava nas mãos de Deus. Ela havia aceitado Jesus e andava com Ele, e certamente foi levada pelos anjos de Deus ao paraíso, onde está em paz. Porque triste seria se tivesse morrido sem aceitar Jesus. Mas, se morreu com Cristo, partiu desta para melhor.

E todo o dinheiro que ela havia guardado não serviu para nada.

Pois não tinha parentes próximos para reivindicar sua herança.

Na verdade, ela tinha alguns parentes, mas eles nem sabiam que ela existia — deve ser por isso que era tão amarga com a vida.

Porém, em seus últimos dias, encontrou a Família perfeita: um Irmão fiel, um Pai amável e um doce Espírito consolador. Quem precisa de parentes quando se tem o Pai, o Filho e o Espírito Santo?

Justo agora que tinha aceitado Jesus e estava indo tão bem, ela morreu? De fato, os caminhos do Senhor são repletos de mistérios.

Se esta foi a vontade de Deus, então que assim seja.

Só Deus é verdadeiro, bom e justo; só Ele sabe todas as coisas.

Ele quis tomar Rita para si, por um motivo que só Ele sabe.

Porque, aos olhos do pó, ela morreu, mas, aos olhos de Deus, estava viva — e mais viva do que nunca. E sua cachorrinha não ficou desamparada, porque Vânia a tomou para si, para cuidar dela; pois imaginava que esta seria a vontade de sua amiga Rita — e era.

Mas não posso dizer que a morte do bandido foi uma coisa boa, porque não foi; na situação em que morreu, sua alma desceu direto ao mais profundo abismo — pois morreu na prática da injustiça.

E isso é muito triste. Mas é isso que a Babilônia faz.

Os filhos da Babilônia não herdarão o Reino de Deus.

Pois não há salvação dentro dos muros da grande Babilônia.

É preciso fugir da grande prostituta antes que seja tarde demais.

Antes que o fio de prata se rompa, antes que o pó retorne ao pó.

Pois o castigo de Deus não falhará. *"Castigarei Bel na Babilônia e tirarei da sua boca o que ele tragou; nunca mais virão a ele as nações; o muro da Babilônia está caído. Saí do meio dela, ó povo meu, e salve cada um a própria vida da ardente ira do Senhor."* (Jr 51:44,45)

A grande Babilônia será punida juntamente com seu príncipe.

E os seguidores do príncipe, que se deleitam dentro de seus muros, também receberão sua parte no castigo da ardente ira do Senhor. A humanidade caminha como zumbis, numa espécie de transe hipnótico, sob o encanto da grande prostituta, fadada à perdição eterna. Mas quem for sábio fugirá da grande Babilônia.

Capítulo 19

Bem-Aventurados.

Eles amam a verdade, amam a justiça, amam a retidão, amam a fidelidade, amam a sinceridade, amam a integridade, amam as Escrituras, amam seus preceitos, amam seus mandamentos, amam seus testemunhos; eles amam o único e verdadeiro Deus Criador.

São almas bem-aventuradas que seguem perseverando na estrada que vai para Sião, seguindo o Senhor Jesus e amando a Deus e ao próximo como a si mesmas. São almas sábias, que descobriram que o melhor de todos os dons é o amor; que aprenderam a viver pela fé, que depositam sua esperança em Deus e que sonham com a vida eterna. Almas bem-aventuradas que se renderam ao evangelho, que se renderam a Jesus Cristo, que se renderam à nova e eterna aliança feita através do precioso sangue do Cordeiro — derramado na cruz do Calvário. Almas bem-aventuradas que amam a volta do Messias.

O número dos remidos do Senhor é incontável.

"Depois dessas coisas, vi uma grande multidão, que ninguém podia contar, de todas as nações, tribos, povos e línguas, em pé diante do trono e na presença do Cordeiro, todos vestidos com túnicas brancas e segurando palmas nas mãos; e clamavam em alta voz: Salvação ao nosso Deus, que está assentado no trono, e ao Cordeiro." (Ap 7:9,10)

O homem de Deus, mesmo sofrendo perseguições, continuava com seu ministério, continuava sendo uma ferramenta nas mãos do Deus Todo-Poderoso para anunciar o evangelho por meio de sinais e prodígios que Deus operava através dele; não apenas por palavras, mas também por meio de sinais e prodígios, através da ação do poder do Espírito Santo. Entretanto, os cristãos mais conservadores criticavam seu trabalho e diziam que ele era um falso profeta; porém as multidões o viam como um homem de Deus, e o próprio Senhor confirmava que realmente ele era um homem de Deus — por meio de seus frutos, de suas obras e dos milagres que o Espírito realizava nele e através dele, para a glória de Jesus. *"Essa salvação, tendo sido anunciada inicialmente pelo Senhor, foi também confirmada a nós pelos que a ouviram. E, juntamente com eles, por meio de sinais, Deus testemunhou feitos extraordinários, diversos milagres e dons do Espírito Santo, distribuídos segundo a sua vontade."* (Hb 2:3,4)

Mas, se rejeitaram o Senhor, também rejeitariam os seus servos.

Falo dos maiorais da chamada religião cristã, dos líderes mais importantes e influentes da igreja, ou, melhor dizendo, das instituições; porque a igreja é a reunião do povo de Deus, não as instituições religiosas. Mas os magnatas da obra de Deus na terra, que gostavam de receber o louvor dos homens, o criticavam, porque morriam de inveja da sua unção e não criam no poder de Deus.

Entretanto, pouco importavam para o homem de Deus as críticas dos homens, porque ele buscava a glória de Deus, e não a glória dos homens. Por isso, Deus lhe dava graça e muitos dons para realizar milagres: para a glória de Deus, para a edificação da igreja, para a salvação dos perdidos e para dar testemunho da verdade, da graça, do poder e da glória de Deus aos homens mundanos e incrédulos.

O homem de Deus era um homem bem-aventurado, mas não era maior nem menor do que os pequeninos. Diante de Deus, ele era igual a todos os outros crentes bem-aventurados; porque foi apenas pela graça e pela misericórdia de Deus que ele se tornou um servo.

Ele sabia que era apenas um servo e que não tinha poder nenhum para realizar milagres; sabia que tudo vinha de Deus, sabia que era um instrumento usado por Deus em sua obra, e nada mais. Por isso, não ousava se vangloriar diante de ninguém, pois sabia que não era melhor do que ninguém — apenas havia recebido mais graça.

E graça é favor não merecido. Deus lhe deu mais graça para que ele buscasse a sua glória, e não glória para si mesmo. Ele sabia disso; por isso, também era um crente bem-aventurado, como todos os outros crentes que faziam a vontade do Deus Bendito, Soberano, Sublime, Maravilhoso, Eterno, Verdadeiro, Santo, Justo e Fiel.

E, junto com o homem de Deus em sua bem-aventurança, estavam o pregador, Mirela, Cauê, Tadeu, Mato Grosso, Ana, Vânia e Roberto. Todos bem-aventurados por terem aceitado o Senhor Jesus Cristo como seu único Senhor e Salvador; sim, todos bem-aventurados que perseveravam em seguir o Senhor na estrada para Sião, na fé, na esperança e no amor. Almas bem-aventuradas que disseram "sim" à verdade — isto é, que amaram a verdade.

Que rejeitaram os prazeres da sedutora Babilônia, que disseram não ao tentador e à mentira, que amaram a luz e odiaram as trevas.

Indubitavelmente, são almas bem-aventuradas que serão recompensadas, pois amaram a justiça e odiaram toda injustiça.

Negaram a si mesmos, resistiram ao Diabo e se sujeitaram a Deus; ficaram firmes na presença do Senhor — esperando a sua salvação. Escolheram ser piedosos e negaram toda impiedade.

Foram justos e não ímpios, foram sábios e não insensatos, foram puros e não devassos, foram santos e não mundanos, foram fiéis e não infiéis, foram sinceros e não hipócritas, foram servos de Cristo.

O ano era 1999. Na mesma congregação onde o pregador servia ao Senhor, também congregavam Tadeu, Mato Grosso, Ana e Amanda; Cauê, Mirela e Samuel congregavam em outra instituição, mas, depois de um tempo, passaram a congregar na mesma igreja do pregador. Vânia e Roberto congregavam em outras igrejas, mas andavam na mesma fé do pregador, porque também andavam de acordo com a Palavra de Deus, e não de acordo com as doutrinas dos homens e de suas instituições, pois colocavam a Palavra de Deus em primeiro lugar — acima dos dogmas da igreja institucionalizada.

O pregador, junto com Tadeu, Mato Grosso, Ana, Cauê, Mirela e outros irmãos da igreja, estavam todos reunidos para realizar uma obra de evangelização e de ajuda aos necessitados e aos moradores de rua. Todo sábado eles faziam isso: montavam uma tenda no centro da cidade, numa praça, e levavam roupas, cobertores e alimentos para os sem-teto. Também levavam cestas básicas para os que tinham casas, mas estavam passando por dificuldades. Além disso, doavam muitas Bíblias e, ao mesmo tempo, aproveitavam a oportunidade para também evangelizar e falar do amor de Cristo.

De graça eles haviam recebido, e de graça também estavam se doando. O pregador ministrava a palavra, dizendo: — *Jesus ama todos vocês. Não somos nós que estamos aqui fazendo estas doações; é o Senhor Jesus quem está fazendo. Nós estamos aqui apenas como servos de Deus, para anunciar a vocês o amor de Deus, para dizer que Ele se preocupa com as suas necessidades e quer ajudá-los e salvá-los.*

Mas vocês precisam crer em Jesus e aceitá-lo como o seu Senhor e Salvador; precisam se arrepender dos seus pecados, precisam buscar a Deus, para que Ele possa se deixar ser achado por vocês. E, quando vocês o buscarem e o encontrarem, Ele mudará as suas vidas. Mas não pensem apenas nesta vida terrena; pensem também para onde as suas almas eternas irão depois que vocês morrerem. O Senhor Jesus Cristo, o Filho de Deus, é o único Salvador que pode livrá-los do inferno e levá-los ao paraíso, para a vida eterna no Reino de Deus. É claro que, se vocês o aceitarem como o seu Senhor de todo o coração, Ele suprirá as suas necessidades terrenas; mas o mais importante é a salvação das suas almas. Abram os seus corações para Jesus entrar, e Ele fará uma obra maravilhosa em suas vidas. Está escrito na Palavra do Senhor:

"Pois eu bem sei que planos tenho a vosso respeito, diz o Senhor; planos de prosperidade e não de mal, para vos dar um futuro e uma esperança. Então me invocareis e vireis orar a mim, e eu vos ouvirei. Vós me buscareis e me encontrareis, quando me buscardes de todo o coração. Eu me deixarei ser encontrado por vós, diz o Senhor, e mudarei o vosso destino." (Jr 29:11-14)

Vânia, que andava pelo centro da cidade naquela hora, se aproximou para ver a maravilhosa obra que Deus estava fazendo naquele lugar. Ela viu o pregador que a evangelizara há cerca de um ano e o reconheceu. Ficou surpresa e sentiu vontade de falar com ele. Depois que o pregador anunciou a Palavra, ela acenou com a mão, o chamou e disse: — *A paz do Senhor. Não sei se você se lembra de mim, mas eu me lembro de você. Você me evangelizou há um tempo. Eu sou Vânia, a mulher que estava grávida, a quem você abençoou; você bateu no meu portão e eu saí para atender. Lembra de mim?*

Demorou para "cair a ficha", mas depois o pregador se lembrou:

— *Ah, estou me lembrando, sim. É claro que eu me lembro de você. Como você está? E como está o seu bebê? Está tudo bem com vocês?*

Eles ficaram conversando por um bom tempo. Vânia contou que ele havia ganhado a sua alma para Jesus, pois foi a partir do dia em que a evangelizou que ela sentiu vontade de buscar o Senhor. Desde então, ela começou a acompanhar os seus pais nos dias de culto.

Ele ficou feliz em saber que havia sido um instrumento nas mãos de Deus para ganhá-la para Jesus. Mas ficou muito mais feliz em saber que ela havia se tornado uma mulher de Deus e a convidou para participar de um culto em sua igreja. Ela disse que sim, porque havia gostado muito do trabalho de evangelização que eles estavam fazendo e ficou muito interessada em participar daquele trabalho evangelístico, pois era uma mulher de Deus e também queria ajudar e falar do amor de Cristo. Cauê e Mirela foram embora da evangelização mais cedo, pois haviam deixado o garoto Samuel e o pequeno bebê Lucas aos cuidados da irmã mais nova de Cauê. Eles disseram a ela que não iriam chegar muito tarde e cumpriram a sua palavra. Mato Grosso e Ana deram uma carona a Tadeu e o convidaram para irem jantar em um rodízio de pizza; mas, primeiro, passariam na casa dos pais de Ana para apanhar a doce Amanda.

O pregador, junto com outros irmãos da igreja, desmontou a tenda, arrumou tudo e foram embora na graça do Senhor Jesus. Ele convidou Vânia para ir com eles, pois todos jantariam na igreja, onde uma irmã havia preparado o jantar para os cooperadores que ajudaram na evangelização. Mas Vânia disse que precisava ir embora para cuidar de sua filhinha Débora, que estava aos cuidados dos seus pais. Então disse ao pregador: — *Na próxima vez eu vou.*

Os bem-aventurados foram embora na paz e na segurança do Senhor, com os corações cheios de alegria e bondade, pois o Espírito Santo de Deus derramara o seu grande amor em seus corações.

Mas, infelizmente, houve muitos que ouviram a Palavra e foram evangelizados, mas não se arrependeram de seus caminhos errados.

Pelo contrário, a Palavra de Deus entrou por um ouvido e saiu pelo outro. Porque depois que se alimentaram e encheram a barriga, saíram com a intenção de fazer o mal, de se embriagar, de usar drogas e de voltar à mesma situação de escravidão deplorável de antes. Se ao menos aceitassem o Senhor Jesus, se arrependendo de verdade — se parassem de praticar o mal e buscassem ao Senhor, certamente Deus operaria um milagre em suas vidas, tirando-os daquela situação de rua, porque, para Deus, tudo é possível.

Mas como Deus poderá ajudar essas pessoas, se elas mesmas não se ajudam? *"Se podes! Tudo é possível ao que crê."* (Mc 9:23)

Mas a alma precisa fazer a sua parte, para que Deus possa fazer a dele. Entretanto, naquele dia de evangelização também houve almas sinceras que aceitaram Jesus em verdade e serão bem-aventuradas.

Porque Deus é fiel para honrar aqueles que o honram.

Mas o pregador e os seus cooperadores fizeram a sua parte, serviram ao Senhor e ajudaram os pobres naquilo que podiam, e falaram do amor de Cristo às almas sedentas da Palavra de Deus.

Outro bem-aventurado que andava na estrada para Sião era Roberto, pois perseverava em seguir ao Senhor, andando pela fé em retidão. Ele herdou uma parte dos bens de sua irmã Patrícia e usou o dinheiro para aumentar o seu comércio — sonhava em montar uma grande rede de supermercados que se chamaria Supermercados Patrícia, em homenagem à sua finada irmã. Ele era bom no que fazia, pois começou a prosperar muitíssimo em seu negócio — claro, com a bênção de Deus, que o fazia crescer e prosperar em tudo.

Antes mesmo da morte de sua irmã, ele já sonhava com isso.

Porque depois que saiu da prisão, montou um mercadinho e começou a trabalhar por conta própria. Com o dinheiro que recebeu após a morte da irmã, investiu pesado — isto é, tudo o que havia herdado — no crescimento do seu negócio. Fechou o mercadinho e abriu um novo supermercado. Estava crescendo, e seu sonho de criar uma rede de supermercados estava prestes a ser realizado.

Ele era dizimista fiel e ofertava muito ao Senhor, para suprir as necessidades da igreja e da obra de Deus; também ajudava muitas famílias pobres e carentes que necessitavam de uma cesta básica.

Por isso, Deus o abençoava, fazendo-o prosperar e crescer, pois ele não pensava apenas em si mesmo, mas também nas necessidades dos necessitados — preocupava-se muito em ajudar o próximo.

Ele também tratava bem todos os seus funcionários, cumpria todos os seus direitos trabalhistas e se preocupava com o bem-estar de todos. O pagamento do salário dos funcionários nunca atrasava, e os que faziam horas extras recebiam conforme o combinado.

Como um bom servo de Deus, ele não explorava ninguém; mas, em tudo o que fazia, agia de maneira justa e correta, porque sabia que os olhos do seu Deus estavam atentos ao seu proceder.

"Os olhos do SENHOR repousam sobre os justos..." (Sl 34:15)

Ele também havia se casado com uma mulher de Deus que se chamava Maria, mas ainda não tinham filhos, pois ela era estéril.

Mas ele a amava assim mesmo, mesmo sabendo que ela não poderia lhe dar um filho; isso, porém, não o incomodava muito. O que importava para ele era ter uma mulher virtuosa que o amava e a presença do Deus Bendito em sua vida. *"Quem encontra uma esposa acha quem lhe traz felicidade e alcança o favor do Senhor."* (Pv 18:22)

Porém, Roberto também se preocupava muito em ficar rico.

Enquanto muitas almas padeciam na Babilônia, outras almas bem-aventuradas andavam pela estrada que conduz a Sião; mas ainda havia esperança para os que estavam na grande Babilônia.

Sim, enquanto há vida, há esperança. *"Retirai-vos dela, povo meu, para não serdes cúmplices em seus pecados e para não participardes dos seus flagelos; porque os seus pecados se acumularam até ao céu, e Deus lembrou dos atos iníquos que ela praticou."* (Ap 18:4,5)

Fuja da Babilônia e seja também uma alma bem-aventurada.

Porque os prazeres da Babilônia são só prazeres momentâneos, que, quando começam a parecer bons, logo acabam como fogo de palha; e, no final, tudo o que resta são apenas cinzas — um monte de cinzas maior do que o monte Everest. Mas não são poucos os que se iludem com a glória da grande Babilônia; sim, não são poucos os que trocam a vida pela morte, a luz pelas trevas, a paz pela guerra, o paraíso pelo inferno, o monte Sião pelo lago de fogo, a unção pelo cifrão, o amor pelo ódio, a verdade pela mentira, a vida eterna pela segunda morte. Trocam o Deus Forte, Altíssimo e Todo-Poderoso — Criador, Santo, Salvador, Compassivo, Bom, Fiel, Amigo, Rico e Eterno — por um anjo fraco, derrotado, rebelde, caído, maldoso, ardiloso, inimigo, mentiroso, enganador, pobre e condenado.

Desse jeito não há como ser uma alma bem-aventurada!

Capítulo 20

O amor estava no ar.

Ele estava fazendo uma reforma em sua casa, pintando as paredes envelhecidas pelo tempo. Desde a morte de sua esposa, Tadeu nunca mais havia dado um retoque na casa; ele não era pintor, mas dava para o gasto, porque a casa ficou quase nova.

Até que enfim, já estava na hora de mudar um pouco a aparência da casa. Pois ela estava bem judiada, parecendo uma casa de nóia.

E, realmente, já havia sido por muito tempo uma casa de nóia.

Ele também comprou móveis novos e eletrodomésticos novos, porque tudo o que tinha outrora fora vendido para o consumo de crack. Todavia, recuperou tudo novamente, menos o carro; mas já estava economizando dinheiro para comprar um carro novo, pois não queria comprar nada a prazo, queria comprar o carro à vista.

Ele ia ao trabalho de ônibus, mas, para ir à igreja e a outros lugares, costumava ir de bicicleta — de vez em quando, não sempre.

Saindo para o trabalho pela manhã, enquanto caminhava, Tadeu avistou uma mulher toda ensanguentada e machucada. Ela estava desmaiada na sarjeta de uma viela — parecia que alguém havia lhe dado uma surra. Seu coração ficou pesado ao vê-la naquela situação, então tentou despertá-la para perguntar o que havia acontecido, mas ela não despertava do sono. Então ele chamou uma ambulância, e os paramédicos a levaram para o hospital; mas ele não a acompanhou, pois tinha que trabalhar e já estava atrasado.

Porém, pegou o nome dela e se informou com os paramédicos em qual hospital ela seria levada. No trabalho, pediu a seu chefe para sair um pouco mais cedo, dizendo que precisava visitar alguém no hospital. O chefe o liberou, ele saiu apressado e foi ao hospital ver a tal mulher — para saber como ela estava de saúde. Chegando ao local, viu a mulher no leito, ainda à base de soro, mas já acordada.

Então se aproximou dela e disse: — _Boa tarde, você está bem? Hoje de manhã eu a encontrei desmaiada e toda machucada, e chamei a ambulância para você. O que aconteceu, quem fez isso com você, e por que a largaram naquele lugar, quase morrendo à míngua?_

Então, ela o agradeceu e disse: — _Moço do céu, é uma história grande e difícil de explicar. Acho que você não vai querer ouvir._

Ela não queria dizer nada, pois estava envergonhada, mas acabou contando tudo o que havia acontecido a Tadeu. Disse que estava naquela situação por causa de dívidas de drogas; estava tentando fugir do traficante quando ele a encontrou naquele local, perto da casa de Tadeu, e ali mesmo cobrou a dívida — não a matou, mas a espancou com força. Ela havia pegado drogas fiadas e depois não conseguiu pagar. O traficante só não a matou porque a dívida era pequena; porém, antes de espancá-la, disse para ela nunca mais aparecer em sua área. Do contrário, a mataria — sem piedade.

Ela contou o quanto as drogas haviam destruído sua vida.

Disse que começou a usá-las depois da morte do marido, que faleceu em um acidente na empresa onde trabalhava. Também disse que havia recebido uma boa indenização da empresa, porém, muito triste e depressiva pela perda do marido, desanimada, se jogou na vida. Primeiro começou a beber e a sair na noitada; depois provou a cocaína — gostou do pozinho mágico e ficou muito viciada naquilo.

Gastou todo o dinheiro da indenização que ganhou nas drogas e acabou virando moradora de rua. Não tinha parentes na cidade, pois todos eram nordestinos; mas não queria voltar para o Nordeste na situação em que estava, porque se sentia muito envergonhada.

Tadeu se identificou muito com sua história e disse a ela que também já havia sido escravo das drogas, mas o Senhor Jesus o havia libertado. Bastante comovido com sua história, perguntou:

— *E quando você for liberada do hospital, para onde irá?*

Ela suspirou e disse: — *Vou ter que voltar para a rua da amargura, não tem outro jeito; mas ainda estou com medo do traficante. Temo que ele me encontre pela rua e termine o serviço que começou.*

Então Tadeu disse que iria pagar uma pensão — isto é, um quarto de hotel — para que ela ficasse até se recuperar, até que sua triste situação melhorasse. Ela ficou muito grata pela ajuda e chorou no leito onde estava, pois tinha muito medo do traficante e estava com o psicológico traumatizado devido à surra que havia levado.

Mas Tadeu lhe confortou o coração, dizendo:

— *Tenha fé em Deus, porque vai dar tudo certo.*

A Vânia apareceu na igreja onde o pregador congregava e servia ao Senhor. Ao vê-la chegando, ele a recebeu com um sorriso e disse:

— *A paz do Senhor, irmã. Seja muito bem-vinda! É bom revê-la.*

Ela conversou com ele até o início do culto e, depois do culto, o pregador lhe ofereceu uma carona até sua casa — e ela aceitou.

Parecia haver um clímax entre eles, mas não conseguiam admitir a possibilidade de ficarem juntos. O temor a Deus e a busca pela santidade e pela pureza dificultavam um pouco as coisas; contudo, realmente havia uma química entre os dois. Porém, faltava atitude para que ambos agissem, e por isso não conseguiam chegar a um veredito. Certo dia, o pregador ligou para Vânia para confirmar a sua presença na evangelização. Ela respondeu que ele podia contar com ela, e acrescentou que, se fosse da vontade de Deus, certamente estaria lá. Mas depois ela disse: — *Tem certeza de que é só sobre isso que você queria falar comigo? Ou há outro assunto? Pode falar, nós somos servos de Deus, mas também maduros para assumir a atração que sentimos um pelo outro. Diz a verdade: por que você me ligou?*

Ele não esperava ouvir aquilo — por isso ficou vermelho como um tomate e respondeu: — *Está bem, agora você me pegou. Eu liguei porque queria ouvir sua voz. Mas, e você, gostou da ligação?*

A conversa se prolongou, até que os dois admitiram que, de fato, gostavam um do outro e iniciaram um namoro sério. Mas o namoro não durou muito tempo, porque entregaram sua união nas mãos de Deus e decidiram se casar logo. Casaram-se e foram morar juntos na casa do pregador e, pela bênção de Deus, tudo estava indo muito bem. O pregador amava profundamente a Vânia e a Débora.

Uma família feliz e abençoada por Deus, os dois perseveravam juntos. Ela o acompanhava em suas pregações e, assim como ele, também se entregou à obra de Deus. Os dois trabalhavam lado a lado na Obra, servindo ao Senhor na igreja onde congregavam.

Assim, Vânia recuperou sua dignidade.

O pregador não a julgou pelo seu passado, mas a amou como nenhum outro a havia amado, intensamente. Pois sabia que Vânia era um presente de Deus para ele — um presente muito especial.

Depois que a mulher que recebeu ajuda do Tadeu saiu do hospital, ela foi morar em uma pensão no centro da cidade.

Tadeu sempre ia visitá-la para saber se algo estava lhe faltando; ele também aproveitou para falar de Jesus e levá-la à igreja, lhe deu uma bíblia de presente, e disse que estava disposto a ajudá-la sempre que fosse necessário. Algum tempo depois, ele perguntou a ela:

— _Você sente saudade da sua família que mora no Nordeste? Porque se você quiser, eu posso pagar a passagem de ônibus para você voltar para os seus parentes; se você quiser é só dizer._

Mas ela disse que não queria voltar por enquanto, pois estava envergonhada, e não queria voltar com uma mão na frente e outra atrás. Mas queria arrumar um emprego e se levantar, queria recomeçar a sua vida na cidade grande, pois havia saído do Nordeste, da cidade onde morava, porque era um lugar muito pobre e de poucas oportunidades. Então, o altruísta Tadeu lhe disse:

— _Vou ver se consigo arrumar alguma coisa para você. Mas e quanto ao seu vício, você está conseguindo aguentar firme?_

Ela disse que nunca mais queria saber de drogas, disse que estava querendo se levantar, e não se afundar ainda mais. Tadeu falava muito de Jesus para ela, e também a levava à igreja; e ela começou a ceder para o Espírito e aceitou Jesus como o seu Senhor e Salvador, e com isso, ficou livre de uma vez por todas de todos os vícios das drogas — tornando-se uma nova criatura. Começou a trabalhar como auxiliar de cozinha, emprego que o próprio Tadeu conseguiu para ela; eles se tornaram bons amigos, mas ela se apaixonou por ele, e Tadeu também estava gostando dela. Ele disse a ela que estava gostando dela, e que queria ser o seu companheiro; então Franciele disse que sim, mas só foi morar com ele depois que se casaram, e Deus abençoou a união. Tadeu estava mais feliz do que nunca, pois há muito tempo vinha sentindo muita solidão, mas agora não estava mais sozinho, tinha uma companheira para lhe fazer companhia; do mesmo modo Franciele também estava nas nuvens, feliz ao lado de Tadeu. Tadeu e Franciele estavam bem na presença de Deus.

Deste modo, Deus também presenteou Tadeu com Franciele.

Fogos de artifício, contagem regressiva para o ano de 2003.

Reunidos na casa do pregador, de Vânia e da pequena Débora, estavam: Cauê, Mirela, Samuel e Lucas; também Mato Grosso, Ana e Amanda; além de Tadeu e Franciele. Juntos, na presença e na paz de Deus, todos confraternizavam no amor de Cristo, e aguardavam a chegada de um ano novo, como sempre, com um bom churrasco.

Uma garrafa de champanhe apenas para celebrar a virada do ano — nada excessivo, apenas uma taça para brindar, nem um gole a mais. Quando o relógio marcou meia-noite, todos se abraçaram e desejaram um feliz ano novo uns aos outros, como é de costume.

Mas depois que os fogos de artifício cessaram, o pregador disse:

— *Irmãos, nós sabemos que a chegada de um ano novo não mudará nada em nossa vida, nem para melhor e nem para pior — isso é superstição. A nossa esperança não está na chegada de um ano novo, e sim no nosso Deus. A nossa vida só irá bem se continuarmos firmes na fé, perseverando em seguir o Senhor, buscando a sua presença e fazendo a sua vontade. Deste modo, sim, todos nós iremos ter mais um ano de paz e prosperidade. Porque é o nosso Deus quem cuida de nós.*

Todos disseram Amém. Despediram-se e foram embora para suas casas, na alegria e na paz do Senhor, e não na ilusão do mundo. A pequena Débora foi dormir, mas o pregador e a Vânia ficaram acordados até mais tarde namorando; da mesma forma aconteceu com Cauê e Mirela, com Mato Grosso e Ana, e com Tadeu e Franciele: o amor realmente estava no ar — e como estava.

E por que não aproveitariam a felicidade do momento?

Se foi o próprio Deus quem os uniu para serem uma só carne.

Dentro do matrimônio não há impureza para o casal apaixonado. Entre quatro paredes o casal pode muito bem desfrutar os prazeres que lhe foi concedido pelo próprio Deus Criador.

Porque tudo o que Deus criou é bom, quando há equilíbrio, pureza e naturalidade; desde que seja feito e apreciado de maneira legítima. Porque tudo é puro para quem é puro, isto é, para os que andam pela fé. *"Todas as coisas são puras para os puros; todavia, para os impuros e descrentes, nada é puro."* (Tt 1:15)

Capítulo 21

Retrocesso.

"Assim, se, depois de escapar das corrupções do mundo, pelo conhecimento do Senhor e Salvador Jesus Cristo, são novamente envolvidos e vencidos por elas, o seu último estado tornou-se pior que o primeiro. Porque lhes teria sido melhor não haver conhecido o caminho da justiça do que, depois de conhecê-lo, darem as costas ao santo mandamento que lhes havia sido dado. Desse modo, aconteceu-lhes o que diz este provérbio verdadeiro: O cão volta ao seu vômito, e a porca lavada volta a revolver-se no lamaçal." (2Pe 2:20-22)

O ano era 2008. Muitos que eram fiéis ao Senhor já não eram mais os mesmos; haviam se desviado da estrada para Sião e se enredado em outras estradas, que certamente os levariam ao mais profundo abismo. Infelizmente, isso acontece muito, todos os dias.

Roberto já não era mais o mesmo, e isso fez sua esposa Maria pedir o divórcio. Mesmo sabendo que o divórcio não agradava a Deus, ela não viu outra saída, pois a situação com Roberto estava insustentável e ela não aguentava mais — Roberto desandou de vez.

Mas o que houve com Roberto? Ele estava indo tão bem na presença do Senhor, andando na retidão e na integridade; mas realmente há coisas que acontecem que não conseguimos entender.

Tudo começou com uma ganância desenfreada — o desejo de enriquecer. Quando atingiu o ápice, mudou: já não ligava mais quando ocorria um pecadinho ali, outro pecadinho acolá, enfim.

Ele deixou de vigiar, a vontade da carne prevaleceu e acabou se corrompendo — e tudo por causa dos encantos de suas mulheres.

É claro que um homem de sucesso, rico e bem-sucedido terá muitas pretendentes, ainda que seja casado. Mas as mulheres com o espírito de Jezabel não estão nem aí, pois não têm nenhum temor a Deus. O que não faltava para Roberto eram tais pretendentes, e ele não sabia dizer não a elas — estava cego pelos encantos de suas concubinas. Mas Angélica era a pior de todas as suas amantes.

Ela fazia questão de ligar para a casa de Roberto e Maria só para provocar a pobre mulher, dizendo que Roberto já tinha um novo amor — que era ela —, deixando Maria muito triste e angustiada.

Ela não sabia se defender, por isso, a perversa Angélica abusava.

Mas Angélica não era a única que afligia e provocava Maria; as outras também tiravam sua paz, isso porque Roberto dava muita liberdade às suas concubinas devassas. Por isso, sua fiel esposa Maria não aguentou e, depois do divórcio, foi embora da vida dele.

Então, ele ficou livre para cuidar do seu harém de mulheres imorais, que tinham o coração de Roberto na palma de suas mãos.

Elas eram sanguessugas que sugavam seu sangue, aproveitando-se de sua prosperidade; todas queriam ser a futura primeira-dama de sua grande rede de supermercados — principalmente a tal Angélica.

Vendo, porém, que não seria sensato tê-las morando com ele, proibiu-as de o procurar em sua casa e resolveu que ele mesmo as procuraria quando estivesse com saudade. Pagou apartamentos e casas para suas amantes morarem e também supria todas as necessidades delas. E elas, com prazer, se aproveitavam da situação.

Ele amava todas elas e sentia ciúmes de suas amantes.

Se Maria tivesse aceitado suas condições depravadas, eles ainda estariam casados; mas ela, como mulher de Deus, não pôde aceitar as imoralidades do marido — nisso ela estava certa. Roberto estava totalmente desvairado, devido às suas paixões ardentes e insanas.

O poder e o dinheiro acabaram mexendo com sua cabeça.

Ele começou a se achar o maioral e pensou que não precisava mais de Deus. Voltou para a grande Babilônia, virou as costas para Deus, esqueceu-se do triste fim que sua irmã teve, esqueceu-se de seus sofrimentos na cadeia e se deixou corromper por completo.

Já não era mais um homem justo; e, para crescer cada vez mais e avançar em seus negócios, deixou de ser honesto. Não ajudava mais os pobres, só pensava em si mesmo e em suas concubinas imorais e interesseiras, que tinham casos com outros homens sem que ele soubesse. Elas temiam que ele cortasse sua ração, por isso fingiam ser fiéis a ele e o iludiam, fazendo-o pensar que o amavam; mas, na verdade, só queriam seu dinheiro. Todavia, em uma de suas viagens de negócios, conheceu uma mulher da alta classe e se encantou por ela; seu nome era Renata. Ela roubou o coração de Roberto de tal forma que ele dispensou todas as outras amantes e se casou com ela.

Era uma mulher de família rica, divorciada, mas sem filhos; não era uma mulher qualquer como suas outras amantes. Acho que foi isso que chamou sua atenção. Ele estava querendo subir de nível na alta sociedade, e Renata era uma mulher de classe, uma socialite que gostava de frequentar eventos e aparecer nas colunas sociais das revistas e jornais. Mas ele não percebeu que ela era um vaso vazio.

E como perceberia, se também havia se tornado um vaso vazio?

Ele estava apenas recebendo o que merecia. A mulher acreditava em todo tipo de superstição abominável, menos na Palavra de Deus.

Acreditava em ocultismo, tarologia, budismo, astrologia, cabala, numerologia, esoterismo, misticismo, magia negra, nova era, hinduísmo, espiritismo, enfim. Acreditava em todos os deuses da Babilônia e, do seu jeito, também acreditava em Jesus Cristo.

Uma louca supersticiosa, de fato, mas uma louca que Roberto amava. Este é o castigo dos insensatos que se desviam da verdade.

Havia, porém, uma de suas amantes que não se conformou em ser deixada por ele, pois esperava ser sua futura esposa. Era a única que nunca o havia traído, porque gostava dele de verdade e sonhava em se casar com ele. Quando se divorciou de Maria, ela esperava que ele a chamasse para ir morar em sua casa — mas ele não o fez.

Porque ele a enrolava, como também enrolava todas as outras.

Era Angélica, a mais doente de todas as suas antigas amantes.

Ela pensava em uma forma de se vingar dele.

Mas, enquanto a vingança de Angélica não saía do papel, Roberto estava se mudando para seu novo apartamento de luxo, em um bairro nobre. Deixou a antiga casa para Maria, sua ex-esposa, e mudou-se com sua nova esposa-troféu para o belo apartamento, a fim de viver uma nova vida em um novo ambiente — com gente da alta sociedade. E Renata corrompeu ainda mais seu coração com suas crenças supersticiosas, levando-o para o mundo do ocultismo.

Mas não demorou muito para que ele a traísse com a nova empregada sensual, que acabou virando sua mais nova amante.

Renata, porém, descobriu tudo e pagou com a mesma moeda.

Isso ele não esperava que ela fosse fazer.

Ela fez questão de traí-lo em sua própria cama, com o vizinho jovem e atlético, e ainda filmou tudo o que fizeram apenas para provocá-lo. Depois de traí-lo, mostrou o vídeo para ele. Roberto ficou sem reação com a atitude dela, viu que não conhecia a mulher com quem havia se casado; percebeu que ela não era flor que se cheira. Mas tudo isso deu a eles a ideia de frequentar casas de swing, assim não precisariam mais ficar com outras pessoas às escondidas.

Ambos concordaram e gostaram bastante da nova ideia.

Imundícias ocultas debaixo da saia da grande Babilônia.

A depravação que acontecia entre quatro paredes era grande.

Mas ninguém desconfiava de nada e o via como um casal exemplar; mas o que eles faziam em oculto, porém, era vergonhoso.

O que esperar de uma mulher que amava tanto o ocultismo?

Roberto estava mais perdido do que cego em tiroteio. Se seus pais soubessem disso, talvez não ficassem muito escandalizados, pois eram "crentes Nutella": tinham olhos, mas não viam; tinham ouvidos, mas não ouviam; tinham corações, mas nada entendiam.

Seria isso Deus castigando os pecados dos pais nos filhos?

Quem sabe. Grandes são os mistérios de Deus, e nenhum deles está ao alcance do entendimento do homem carnal — feito do pó.

Angélica, sua amante frustrada, estava obcecada por vingança.

Foi até um bruxo conhecido por sua magia negra e entregou-lhe uma peça de roupa íntima de Roberto, uma fotografia e alguns fios de pelos pubianos. Disse ao bruxo que queria destruir a vida de Roberto e, se possível fosse, até matá-lo. O bruxo cobrou caro pelo trabalho, mas ela, desejando muito se vingar, vendeu seu próprio carro para pagar. Então, um espírito maligno incorporou no bruxo e disse a ela: — *Em pouco tempo, Roberto irá sofrer muito e morrer.*

O bruxo deu uma risada maligna e sombria, como a de um demônio do inferno, e isso assustou muito a perversa Angélica.

Pouco tempo depois, Roberto, que já não tinha mais a proteção de Deus, tornou-se um alvo fácil da bruxaria feita contra ele. Seu declínio começou: ficou doente e perturbado, seu negócio começou a perder a força que tinha outrora — eram as garras dos demônios.

O diabo começou a bater onde doía: na saúde e nas finanças.

Não apenas na saúde física, mas também na mental. Às vezes, Roberto ficava perturbado, como o rei Saul quando perdeu a unção de Deus. Tinha alucinações — sentia que a morte estava rondando.

Sua esposa Renata percebeu que havia algo errado acontecendo em sua vida; sentiu a presença de algo maligno — sentiu a ação do mal. Concluiu que ele havia sido alvo de uma forte bruxaria, pois aquilo que estava acontecendo não era normal, era coisa mandada.

Sendo uma mulher ocultista, ela percebeu isso.

E tentou reverter a magia negra usando mais magia negra.

Todavia, a situação de Roberto piorava cada vez mais; quanto mais recorriam ao ocultismo para combater o mal, mais as coisas se agravavam. Era como tentar apagar fogo com fogo, ou iluminar a escuridão com trevas. Satanás não pode libertar Satanás; pelo contrário, Roberto estava ficando cada vez mais preso e enfermo.

Tudo o que Renata fazia apenas alimentava ainda mais o mal que pesava sobre a vida dele. Sua ignorância e fanatismo pelo ocultismo eram como uma venda em seus olhos, impedindo-a de enxergar seus erros. Mas o pior foi que Roberto não se lembrou de Deus para buscar seu socorro — pois também estava com os olhos vendados, cercado por uma densa escuridão, cada vez mais cego.

Ele adoecia cada vez mais. Um câncer maligno tomou conta de todo seu corpo, e os médicos lhe deram pouco tempo de vida. Em uma noite de sexta-feira fria e solitária, enquanto sua esposa bebia com amigos em um bar, sem ninguém por perto, ele morreu sozinho em sua cama, rodeado pela escuridão, sem Jesus e sem salvação.

Todos os seus bens ficaram para Renata, que já era rica, mas se tornou ainda mais rica. Porém, por pouco tempo, porque a morte chega para todos — e também chegaria para ela, com toda certeza.

Grande foi o retrocesso de Roberto, que andava no caminho certo, na estrada que leva a Sião, mas se enredou por outras estradas tortuosas que o conduziram diretamente ao mais profundo abismo. No inferno, as chamas o atormentarão e tirarão sua paz, quanto aos prazeres da vida, isso ele não mais terá — nunca mais.

Que nome darei a isso? Eu chamo isso de retrocesso. *"O teu delito te castigará, e a tua rebelião te repreenderá. Sabe e vê, que má e amarga coisa é teres abandonado o Senhor, teu Deus, e não teres temor de mim, diz o Senhor, o Senhor dos Exércitos."* (Jr 2:19)

Que triste fim teve Roberto, tão triste quanto o de sua irmã Patrícia; ambos abandonaram o Senhor por amar a Babilônia.

Infelizmente, não são poucas as almas que se desviam da estrada que leva a Sião e tomam outros caminhos que certamente os levarão à perdição eterna. (Mas o pior é que ninguém está imune a isso.)

São almas que haviam morrido para o mundo, mas retrocederam e voltaram para o Egito, renascendo de novo do pó, isto é, voltaram a andar na carne, e morreram de novo; uma grande tolice, pois em breve retornarão ao pó. Não há salvação nem esperança para o pó.

"Isto afirmo, irmãos, que a carne e o sangue não podem herdar o reino de Deus, nem a corrupção herdar a incorrupção." (1Co 15:50)

Pois o pó passará, mas a alma e o espírito viverão para sempre.

Mas toda alma que pecar, e não se arrepender do seu pecado e da sua maldade, certamente morrerá, e não herdará a vida eterna.

"Então, disse o Senhor a Moisés: Riscarei do meu livro todo aquele que pecar contra mim." (Êx32:33)

A vida eterna está em Cristo, a salvação está em perseverar em seguir ao Senhor na estrada que vai para Sião. Porque para todos os que retrocedem, esta é a mensagem verdadeira do Senhor:

"Se retroceder, nele não se compraz a minha alma. Nós, porém, não somos dos que retrocedem para a perdição; somos, entretanto, da fé, para a conservação da alma." (Hb 10:38,39)

Pois o Senhor não terá misericórdia dos que retrocedem.

Por isso, toma cuidado para não retroceder. *"Tu me rejeitaste, diz o Senhor, e retrocedeste; por isso, estenderei a minha mão contra ti e te destruirei; estou cansado de mostrar compaixão. Eu os espalhei com a pá nas portas das cidades da terra; deixei-os sem filhos, destruí o meu povo; mas não desistiram dos seus caminhos. As suas viúvas têm se multiplicado mais do que a areia dos mares. Trouxe ao meio-dia um destruidor sobre eles, até mesmo sobre a mãe de jovens guerreiros; fiz que de repente caíssem sobre ela angústia e terrores.*

A mulher que dava à luz sete filhos se enfraqueceu; sua vida se esvai; o sol se pôs para ela enquanto era dia; ela se confundiu e envergonhou-se. Entregarei à espada os seus sobreviventes, diante dos seus inimigos, diz o Senhor." (Jr 15:6-9)

Se houver retrocesso, haverá perdição; certamente o mal não descansará, o bem deixará de existir e não haverá mais salvação.

Para aqueles que saem da estrada para Sião, e para aqueles que se desviam pegando o atalho da perdição, assim diz o Senhor:

"Estou cansado de mostrar compaixão." (Jr 15:6)

Capítulo 22

E todos viveram felizes para sempre.

A vida é boa, de fato, pois a vida é uma dádiva divina.

Mas, na terra do pó, nada é perfeito. E nada dura para sempre.

Não há final feliz na terra dos viventes, pois o final de todos os homens é a morte, e a morte não traz final feliz. Falo da carcaça do homem, não da alma. As histórias de contos de fadas sempre trazem este mesmo bordão no final: "E todos viveram felizes para sempre."

Mas é claro que isso é uma grande ilusão para o pó.

Havia um homem pobre que ganhou na loteria, ficando rico da noite para o dia; e como ele ficou feliz em ter ficado rico! Ele disse à sua esposa e aos seus filhos, com muita alegria e empolgação:

— *Agora sim, nós seremos felizes de verdade! Vamos desfrutar de tudo do bom e do melhor, vamos viajar pelo mundo, vamos morar na mais bela casa e dirigir os mais possantes automóveis. Sim, agora nós estamos com a vida feita, estamos seguros, nunca mais passaremos necessidades; de hoje em diante nós seremos felizes para sempre.*

"Mas Deus lhe disse: Louco, esta noite te pedirão a tua alma; e o que tens preparado, para quem será?" (Lc 12:20)

Ou também como a filha caçula que ficou aliviada quando recebeu uma boa notícia do médico, que disse a ela que o seu pai, de oitenta e oito anos, que havia sofrido um acidente, estava bem e não corria risco de vida. Ou quando um jovem promissor começa a prosperar e alcança o sucesso que sonhava alcançar desde o colegial.

Ou até mesmo a dona de casa que ficou aliviada com o fim do romance entre o seu marido e a amante. Ou o homem que ficou feliz por ter conseguido se aposentar. Ou a senhora que saiu da nostalgia ao chegar à sua terra natal depois de muitos anos longe. Ou alguém que foi curado do câncer. Tudo isso são boas notícias que nos trazem alegria, muito agradáveis no momento, mas tudo passará, tudo chegará ao fim um dia, e a alegria do presente se transformará em tristeza no futuro, porque nada dura para sempre; pois, para o homem feito do pó da terra, este é o provérbio verdadeiro: *"Até no riso terá dor o coração, e o final da alegria é a tristeza."* (Pv 14:13)

Estou falando do pó, que certamente retornará ao pó.

Ou alguém pensa que viverá para sempre como pó?

Porque todos os que ignoram a morte estão se iludindo.

Não estou querendo jogar fezes no ventilador, e também não estou querendo frustrar os sonhos de ninguém; só estou querendo abrir os olhos das almas perdidas para a realidade, porque o fim de todas as coisas chegará para todos os homens: a morte chegará para todos. O fim do mundo como nós o conhecemos está próximo.

A Babilônia cairá, e o Reino de Deus chegará — isso é inevitável.

Os planos do Deus Altíssimo serão concretizados, e não será a ilusão do homem que mudará o grande propósito do Deus Criador.

"Lembrai-vos disso e considerai; trazei-o à memória, ó transgressores. Lembrai-vos das coisas passadas desde a antiguidade: que eu sou Deus, e não há outro; eu sou Deus, e não há outro semelhante a mim. Sou eu que anuncio o fim desde o princípio, e desde a antiguidade, as coisas que ainda não sucederam; sou eu que digo: O meu conselho subsistirá, e realizarei toda a minha vontade, chamando do oriente uma ave de rapina, e de uma nação distante, o homem do meu conselho; sim, eu disse e cumprirei essas coisas. Estabeleci esse propósito e também o executarei. Vós, de coração rebelde, que estais longe da justiça, ouvi-me. Faço chegar a minha justiça, e ela não está longe; a minha salvação não tardará; mas estabelecerei a salvação em Sião, e a minha glória em Israel." (Is 46:8-13)

Porque este mundo passará juntamente com a sua glória.

"Ó virgem, filha da Babilônia, desce e assenta-te no pó, assenta-te no chão, sem trono, ó filha dos babilônios, porque nunca mais serás chamada mimosa nem delicada. Pega o moedor e mói a farinha; tira o véu, levanta a cauda do vestido, descobre as pernas e atravessa os rios. A tua nudez será descoberta, e a tua vergonha exposta; eu me vingarei e não pouparei ninguém. Quanto ao nosso Redentor, o seu nome é Senhor dos Exércitos; é o Santo de Israel. Assenta-te calada e entra nas trevas, ó filha dos babilônios, porque não serás mais chamada a senhora de reinos. Fiquei indignado com o meu povo e profanei a minha herança. Eu os entreguei na tua mão, mas não tiveste misericórdia deles e colocaste um jugo muito pesado até sobre os idosos. E disseste:

Serei senhora para sempre; e até agora não levaste a sério essas coisas, nem te lembraste do fim delas. Agora ouve, tu que te entregas aos prazeres, que vives tranquila e dizes no coração: Eu sou, e fora de mim não há outra; não ficarei viúva, nem passarei pela perda de filhos. Mas essas duas coisas virão de repente sobre ti, no mesmo dia: Perda de filhos e viuvez; virão com toda a força sobre ti, apesar das tuas muitas feitiçarias e dos teus inúmeros encantamentos. Porque confiaste na tua maldade e disseste: Ninguém me vê; as coisas que te perverteram foram a tua sabedoria e o teu conhecimento. Disseste no coração: Eu sou, e além de mim não há outra. Porque o mal virá sobre ti, e não saberás livrar-te dele com teus encantamentos; sobre ti cairá tamanha destruição que não poderás evitar; sobre ti virá de repente destruição imprevisível. Continua com os teus encantamentos e com as tuas muitas feitiçarias, nas quais tens te afadigado desde a juventude; talvez possas tirar proveito, ou inspirar terror. Tu te cansaste dos muitos conselhos recebidos. Levantem-se agora e te salvem os astrólogos que contemplam os astros e os que predizem nas luas novas o que virá sobre ti. Eles são como restolho, e o fogo os queimará; não poderão livrar-se do poder das chamas, pois não são um braseiro para eles se aquecerem, nem fogo para se sentarem em volta. Assim serão para contigo aqueles com quem te afadigaste, os que fizeram negócios contigo desde a juventude; andarão vagueando, cada um pelo seu caminho; não haverá quem te salve.” (Is 47:1-15)

O ano era 2010, o pregador e a Vânia haviam sido enviados pela sua igreja para uma missão; eles cuidariam do rebanho do Senhor em uma igreja que ficava em outro estado. E desta vez o pregador não seria pastor auxiliar, e sim o líder da congregação, subindo de nível na hierarquia de sua igreja, isto é, de sua instituição religiosa.

Eles estavam mais firmes do que nunca, evangelizando e ganhando almas para o Senhor Jesus, como servos bons e fiéis.

O Cauê e a Mirela também continuavam firmes na presença do Senhor, perseverando em seguir o Senhor Jesus na estrada que vai para Sião; da mesma forma o Mato Grosso e a Ana também perseveravam em seguir ao Senhor, buscando a presença de Deus.

Tadeu e Franciele continuavam amando ao Senhor; juntos, eles ganhavam muitas almas para Jesus, pois eram bons evangelistas.

Ambos escolheram o caminho perfeito — o caminho do amor.

E eram bem atuantes na obra de Deus, embora não possuíssem nenhum cargo na instituição onde congregavam; porém, serviam ao Senhor e faziam a vontade do Senhor, mais do que muitos pastores que recebiam para pregar o evangelho e socorrer os necessitados.

Pois eles serviam ao Senhor Jesus, não à instituição religiosa.

Mas, na terra dos viventes, vivendo como pó: nem o pregador, nem a Vânia, nem o Cauê, nem a Mirela, nem o Mato Grosso, nem a Ana, nem o Tadeu e nem a Franciele viverão felizes para sempre; não na terra dos viventes, neste plano terreno e material, como carne e osso. Pois as tristezas e as mazelas do pó são inevitáveis.

O Cauê ama a Mirela, e a Mirela ama o Cauê, e ambos amam os seus dois filhos; mas um dia a morte chegará para ambos, e o primeiro que se for deste plano terreno deixará o seu parceiro muito triste, porque a morte é triste para todos. Mas, felizmente para eles, para o Cauê e para a Mirela, eles têm a esperança da vida eterna, têm a esperança de uma vida melhor após a morte — com o Senhor.

A morte física virá para todos os que estão em Cristo Jesus, na estrada que vai para Sião; entretanto, eles têm uma esperança que o resto do mundo não tem. Eles serão felizes para sempre em Sião.

Mas, para os que estão na Babilônia, suas pequenas esperanças se limitam apenas às coisas desta vida terrena, e isso é muito triste.

Porque tudo neste mundo e nesta vida terrena são ilusões passageiras, são momentos felizes que logo passarão; pois, quando vierem as mazelas do pó, os momentos felizes se tornarão infelizes.

Mas o pior de tudo, para os filhos da Babilônia, não é a ilusão do presente, e sim o tormento da perdição eterna que virá no futuro.

Porque existe uma coisa que é mais do que certa para todos:

— *Todos nós morreremos um dia, pois todos os que nascem na terra dos viventes, debaixo do sol, já nascem destinados a morrer.*

Com exceção daqueles que serão arrebatados na vinda de Deus.

E com exceção dos homens que viverão no mundo vindouro.

Mas o mundo vindouro é outra história e outro tempo.

Naquele tempo, a esperança do pó será restaurada — porque Deus fará novas todas as coisas; assim como prometeu, Ele fará.

A estrada que vai para Sião é um bom escape para todos os que querem continuar vivendo felizes para todo o sempre; porque, aos que chegarem em Sião, perseverando em seguir o Senhor, tornarão verdadeira esta frase que diz: — *E todos viveram felizes para sempre.*

Mas, na Babilônia, essa frase é uma grande ilusão.

Porque a única esperança do pó é retornar ao pó. Não estou querendo jogar fezes no ventilador, estou apenas sendo realista.

Para o pregador e para a Vânia, para o Cauê e para a Mirela, para o Mato Grosso e para a Ana, para o Tadeu e para a Franciele, para os filhos do Cauê e do Mato Grosso, e para todas as almas que seguem o Senhor Jesus Cristo na estrada que vai para Sião. Para essas almas bem-aventuradas continuarem sendo bem-aventuradas, elas precisarão permanecer no Caminho, precisarão perseverar em buscar o Senhor até o fim. Não vou enganar ninguém: todas elas passarão por lutas e por problemas, todas elas terão dias difíceis, nenhuma delas será feliz para sempre neste mundo passageiro.

Mas todas elas terão as suas dores e os seus problemas aliviados pelas mãos de Deus, pois conhecem a Deus, e Deus também as conhece. Estarão guardadas debaixo da sombra do Altíssimo, terão vida, terão alegria e terão uma paz que o mundo não poderá tirar; e estarão seguras com Cristo na estrada que vai para Sião. E, quando as suas vidas terrenas, cheias das mazelas do pó, chegarem ao fim, quando chegar a hora de suas mortes, então essas almas bem-aventuradas começarão uma nova vida na eternidade, e todas elas viverão felizes para todo o sempre. Por isso, vale a pena fugir da Babilônia e seguir o Senhor Jesus na estrada que vai para Sião. O tempo está passando, e o grande Dia do Senhor está chegando; as coisas velhas ficarão para trás, pois Deus fará novas todas as coisas, para a frustração dos donos do mundo. *"O que estava assentado sobre o trono disse: Eu faço novas todas as coisas! E acrescentou: Escreve, pois estas palavras são fiéis e verdadeiras."* (Ap 21:5)

Porque o novo céu e a nova terra em Sião — o mundo vindouro — será algo indescritível, mais ou menos assim: *"Então vi um novo céu e uma nova terra. Pois o primeiro céu e a primeira terra já se foram, e o mar já não existe. Vi a cidade santa, a nova Jerusalém, que descia do céu, da parte de Deus, enfeitada como uma noiva preparada para seu noivo. E ouvi uma forte voz, que vinha do trono e dizia: O tabernáculo de Deus está entre os homens, pois habitará com eles. Eles serão o seu povo, e Deus mesmo estará com eles. Ele lhes enxugará dos olhos toda lágrima; e não haverá mais morte, nem pranto, nem lamento, nem dor, pois as primeiras coisas já passaram."* (Ap 21:1-4)

Quando esse dia chegar, todos os que amam a Deus e a Cidade santa, a nova Jerusalém, que é Sião, viverão felizes para sempre.

A esperança de todos os que estão caminhando na estrada para Sião é a chegada deste grande e maravilhoso dia, que se estenderá por toda a eternidade; vai valer a pena perseverar até o fim.

Tomemos, pois, a nossa cruz e caminhemos rumo a Sião.

E assim nós nos encontraremos em Sião, no santo monte de Deus. Mas antes precisamos fugir da Babilônia e pegar a Estrada para Sião. Não temos nada a temer, pois o nosso Deus guardará a nossa retaguarda e irá adiante de nós na estrada da vida eterna.

Em um futuro distante, quando os fiéis irmãos já haviam voltado ao pó, Vânia encontrou Rita no paraíso. O pregador também estava lá, e a sua primeira esposa também estava lá; Cauê e Mirela também estavam lá; Mato Grosso e Ana também estavam lá; e Tadeu e Franciele também estavam lá. Eles venceram o mundo, venceram o tentador, venceram o pecado e venceram a si mesmos; tomaram a sua cruz, negaram a si mesmos e andaram com Jesus na estrada que leva a Sião. Nunca mais sentirão as mazelas do pó, terão vida eterna e serão felizes para sempre — num lugar onde o tempo não passará.

"Quanto a mim, já estou sendo derramado como oferta de libação, e o tempo da minha partida está próximo. Combati o bom combate, terminei a carreira, guardei a fé. Desde agora a coroa da justiça me está reservada, a qual o Senhor, justo juiz, me dará naquele dia, e não somente a mim, mas a todos os que amarem a sua vinda." (2Tm 4:6-8)

Mas eu não posso dizer o mesmo de Patrícia e de Roberto.

Deus é justo e deu oportunidade a todos. Por isso, no dia do Juízo Final, o homem não poderá reclamar de nada diante de Deus.

Pois o Justo Juiz é verdadeiro e jamais cometerá nenhuma injustiça. Que a vontade d'Ele seja feita para sempre; e que o Seu Reino bendito e eterno venha logo, para que haja justiça e equidade.

Depois que seus pais partiram desta para melhor, Amanda, Débora, Samuel e Lucas, que já estavam avançados em idade, perseveravam em seguir o Senhor como seus pais os ensinaram desde que eram crianças. Eles não se desviaram da estrada que leva a Sião, pois seus pais souberam educá-los muito bem em Cristo Jesus; por isso, não se desviaram dos caminhos do Senhor. Não iria demorar muito tempo: logo todos eles reencontrariam seus amados pais e também viveriam felizes para sempre na presença de Deus.

Em um lugar indubitavelmente bom, onde: _"Nem olhos viram, nem ouvidos ouviram, nem jamais penetrou em coração humano o que Deus tem preparado para aqueles que o amam."_ (1Co 2:9)

E da mesma forma que foram instruídos por seus pais, eles também instruíram seus filhos; e seus filhos instruíram seus filhos; e os filhos de seus filhos instruíram seus filhos. Tudo isso porque Deus é fiel aos seus servos e cumpre as suas promessas: _"Eu castigo o pecado dos pais nos filhos até a terceira e quarta geração daqueles que me rejeitam; mas sou misericordioso com mil gerações dos que me amam e guardam os meus mandamentos."_ (Êx 20:5,6)

Bem-aventurados foram todos aqueles que tomaram a sua cruz e perseveraram em seguir o Senhor Jesus na estrada que leva a Sião.

"Estas palavras são fiéis e verdadeiras." (Ap 22:6)

De fato.

Aqui termina outra reflexão do maior dos pecadores, que não consegue deixar de amar o Deus dos deuses e que não consegue deixar de adorar o Senhor dos senhores. Este que vos fala é o Cooperador Francisco: o menor dos menores, o último dos últimos.

Continua...